中华爱国人物故事

ZHONGHUA AIGUO RENWU GUSHI

万婴之母林巧稚

李晓婷　编著

吉林人民出版社

图书在版编目(CIP)数据

万婴之母林巧稚 / 李晓婷编著. -- 长春：吉林人
民出版社，2011.5
（中华爱国人物故事）
ISBN 978-7-206-07832-3

Ⅰ.①万… Ⅱ.①李… Ⅲ.①林巧稚(1901~1983)
– 生平事迹 Ⅳ.①K826.2

中国版本图书馆 CIP 数据核字(2011)第 075723 号

万婴之母林巧稚

WANYINGZHIMU LIN QIAOZHI

编　　著：李晓婷
责任编辑：王一莉　赵　磊　　　封面设计：七　洱
吉林人民出版社出版 发行(长春市人民大街7548号　邮政编码：130022)
印　　刷：鸿鹄(唐山)印务有限公司
开　　本：670mm×950mm　　　　1/16
印　　张：8　　　　　　　字　　数：70千字
标准书号：ISBN 978-7-206-07832-3
版　　次：2011年5月第1版　　印　　次：2023年6月第4次印刷
定　　价：35.00元
──────────────────────────────
如发现印装质量问题,影响阅读,请与出版社联系调换。

总　序

胡维革

　　《中华爱国人物故事》是一套故事丛书。它汇集了我国历史上80位古圣先贤、民族英雄、志士仁人、革命领袖、先进模范人物的生动感人史迹，表现了作为中华民族优秀传统的伟大的爱国主义精神。

　　爱国主义是人们对于"生于斯、长于斯、衣食于斯"的祖国的一种神圣感情，是人们对于自己民族的一种强烈的责任感和使命感，是感召和激励整个中华民族的一面永不褪色的旗帜。在漫长的历史上，爱国主义一直激励着中华儿女为祖国的独立、统一、进步和繁荣而英勇奋斗。从伟大的思想家教育家孔子到统一全国的千古一帝秦始皇，从秉笔直书著《史记》的司马

迁到鞠躬尽瘁死而后已的诸葛亮,从伟大的浪漫主义诗人李白到精忠报国的民族英雄岳飞,从七下西洋传播友谊的郑和到抗击倭寇的民族英雄戚继光,从苟利国家生死以的林则徐到为变法流血的第一人谭嗣同,从威震敌胆的抗联将军杨靖宇到人民音乐家聂耳与冼星海,从踏遍青山人未老的李四光到万婴之母林巧稚,从县委书记的好榜样焦裕禄到情系雪域献身高原的孔繁森……都表现出了强烈的爱国主义精神。正是由于热爱祖国的人们前仆后继地奋斗,国家和民族才得以生存,历经一次次历史危急关头而能转危为安,走向兴盛和富强,从而屹立于世界民族之林。爱国主义是鼓舞中华儿女历经忧患、跨越沧桑、百折不挠、自强不息的伟大力量,它贯穿于中华民族的整个历史,并有力地凝聚着五洲四海的中国人。

爱国主义是一个历史的范畴，在社会发展的不同阶段、不同时期有着不同的具体内容。革命时期，需要我们为祖国的独立自主出生入死；建设时期，需要我们为祖国的繁荣富强增砖添瓦；在全国各族人民团结一心建设富强、民主、文明、和谐的社会主义现代化国家的今天，我们要争做一名新时期的爱国者。新时期的爱国者要有强烈的民族自尊心和自豪感。民族自尊心和自豪感是任何时期任何爱国者都必须具备的情感。民族自尊心能增强我们自立向上的恒心，民族自豪感能树立我们建设祖国的信心。要树立"祖国高于一切"的崇高信念，为了祖国和人民的利益不惜抛却个人的利益，甚至不惜牺牲个人的生命。要树立终身学习的理念，拓

宽自己的知识面,广泛吸收新知识新技术,完善自身的知识结构,更新学习知识的方法与理念,从思想上、知识上充分武装自己,为祖国的繁荣昌盛贡献力量。

爱国主义思想的继承和发扬,是关系到民族盛衰、国家兴亡的根本问题。一代代人爱国主义思想情操的形成,需要不断地培养。培养爱国主义的一个重要途径是向爱国主义的英雄人物和典范事迹学习。这套丛书的出版,对于人们向英雄和先进人物学习,特别是对于在中小学生中进行爱国主义教育,将可提供一些生动的教材。祝愿此书出版发行成功,为培养"四有"新人做出贡献。

于 2011 年 4 月 23 日

世界读书日

中华爱国人物故事

编 委 会

策　划: 胡维革　吴铁光
　　　　 林　巍　李达豪

主　编: 胡维革　邢万生

副主编: 贾淑文　吴兰萍

编　委:(按姓氏笔画为序)
　　　　 于二辉　门雄甲
　　　　 刘士琳　刘文辉
　　　　 孙建军　李相梅
　　　　 李艳萍　杨九屹
　　　　 谷艳秋　陈亚南
　　　　 隋　军　韩志国

目录
CONTENTS

◎ 012　　一百一十分的许诺

◎ 032　　第一位中国女妇产科主任

◎ 055　　不为良相,当为良医

◎ 063　　打开"协和"窗户看祖国

◎ 073　　总理夫人的电话

目 录
CONTENTS

当家作主　082 ◎

普查普治　095 ◎

孩提千万经匠手　104 ◎

农村多么需要我们　110 ◎

最后的时刻　119 ◎

一百一十分的许诺

英国人崇拜南丁格尔，这位终身未嫁的女士执掌着明灯开辟了现代护理事业的先河。作为英国历史上第一位荣获政府勋章的女性，晚年双目失明的她，心中燃亮的是每一盏健康生命的点点烛火。中国人怀念林巧稚，这位为千千万万个小生命做第一道注册手续的女性，同样的终身未嫁，但她却奏响了无数个新的生命交响曲，妙手回春，拯救了无数个妇女的生命，弥合了无数个濒临破裂的家庭，这位点亮万家灯火，为祖国的医学事业鞠躬尽瘁的至纯的女性，弥留之际喃喃重复的仍是：

"快拿来，产钳，产钳……"

"好了，好了，又一个胖娃娃生下来了！"

外国人敬佩而又亲切地称这位一生只穿旗袍、酷爱鲜花的女性为：中国的"南丁格尔"。

在福建省厦门市的西南方，隔着美丽的鹭江，有一座不到两平方公里的椭圆形的小岛，这就是举世闻名，素有"海上花园"之称的鼓浪屿。远远看去，它就像一座小巧玲珑的山水盆景，飘浮于万顷碧波之上。终年常绿的茂密的林木中，矗立着一幢幢色彩多样而又形状别致的崇楼杰阁和精舍别墅。随着地势起伏而修筑的柏油小路纵横交织，把小岛分割得井然有序。

1901年12月23日，我们故事的主人公林巧稚就诞生在这个美丽的小岛上。

林巧稚父亲林良英早年随祖父去南洋谋生，在新加坡的教会学校学习英文。祖父离世后，林良英返回故乡鼓浪屿，与一位本地姑娘成亲后，以翻译和教书为生。巧稚上有一兄两姐（一个是领养的）。五岁时，母亲不幸患子宫颈癌去世。其后，父亲对年幼的巧稚疼爱有加。

林巧稚

父亲是个虔诚的基督徒，带领孩子们信仰上帝，常带他们去海边看落日，给他们讲圣经故事。

小巧稚的诞生并没有改变"辛丑年，降灾降祸的年头"的古老迷谚。所谓辛丑年，也就是公元1901年，正是我们上个惊心动魄的世纪刚刚开篇的年月。上一年，八国联军攻占北京，把多半个中国推进血和火的海洋。躲进西安大雁塔下的那拉氏卑躬屈膝，不惜"量中华之物力，结与国之欢心"，签订了丧权辱国的《辛丑条约》，炎黄子孙沦陷在深深的灾难的泥潭里。

青年时期的林巧稚

　　风光秀丽的鼓浪屿也沦为外国的公共租界，被人称为"万里公地"。这里完全成了洋人的天下。高高耸立，顶着十字架的，是洋人的教堂；绿草如茵，筑有围墙的，是洋人的球场；港口里，停泊的，是洋人的船只；灯红酒绿的，是洋人的舞厅和俱乐部；统治这个岛屿的，是洋人控制的"工部局"。

　　小巧稚在这样一个复杂的、特殊的环境里，受到特殊的熏陶和教育。在她童稚的心里过早地感受到了红头发蓝眼睛的洋人和黑头发黄皮肤的国人间的不平等。洋人的花园，中国人不得靠近；洋人的门前，小贩不得吆喝；洋人游泳，中国人得赶快避开；连洋人的孩子，中国人也不得碰一下。在离巧稚家不远的地方，有一片少有的平地，绿草茵茵，本是岛上居民祖祖辈辈共同商议保留下来的一块场地，作为人们聚会游散的公共场所，也是孩子们逗留玩耍的地方。但是洋人看中了这块空地，撵走了所有中国人，把它辟为网球场，并在红砖围墙上挂着一块刺眼的牌子："华人与狗不得入内。"有一次，洋人在球场打球。球场主人雇一些家庭贫困的中国孩子，守在墙外边为他拣拾打出来的球。等到收场的时候，他们"慷慨"地向拾球的孩子扔过来几枚硬币。当孩子们争先恐后地来拿钱的时候，他们则发出一阵阵嘲弄的笑声。这笑声刺痛了倔强的巧稚，她特别的气愤。她幼小

的心灵弄不懂这一切究竟为什么，为什么中国人的地方不许中国人进？为什么中国人要给外国人干活呢，他们不也有手有脚吗？巧稚弄不懂这些，也无力改变这一切，因此她和她的小伙伴们采取了天真的反抗策略，她们相约，凡经过洋人球场的时候，都要离得远远的，"省得让人以为咱们眼馋。"小小的人，小小的心，却有着一股自尊自强的信念。父亲知道后，也曾和蔼地夸我们的小巧稚有骨气。

　　受家庭的影响，巧稚从小就笃信基督教。每当她从教堂回来，都要认真地想着：做什么事才能普救众生？当她看到那些"白衣天使"圣洁的面庞时，似乎找到了答案：医生！对，医生是最能解救人类痛苦的职业。

鼓浪屿

巧稚五岁时进入英国传教士所办的幼儿园读书，每逢星期日，随父亲到教会去做礼拜，参加儿童主日学。每年圣诞节的钟声、烛光和优美的赞美诗歌声，都给她留下了终生难忘的印象。林巧稚十岁时进入厦门女子学校读书。该校于1900年为周寿卿牧师所创办，是一所不同于中国传统教育的新式学堂。当时的教务主任是英国圣公会传教士玛丽·卡琳小姐（Miss Mary Carling）。她为人谦和热情，办事认真严谨，对学生要求非常严格，不仅看重学生的学业，也看重学生的品行。她在教授英文、地理和钢琴的同时，也把主耶稣的"爱人如己"，以及如何在主基督里得享平安喜乐等信仰精髓传授给她的学生。林巧稚在这所学校中一学就是十年，期间受洗成为基督徒。每年圣诞节和复活节，她都积极参加学校组织的各种活动。平时她还经常到教会去做义工，为那些有需要的信徒提供帮助。

在林巧稚成长的过程中，卡琳小姐对她的影响最大。卡琳小姐虔诚的基督教信仰，谦卑柔和的品格，以及独立而又优雅的生活方式，深深地濡染着林巧稚；而从林巧稚身上所表现出的聪明、勤奋、诚实、责任感等优秀的基督徒品格，也深得卡琳小姐的赞赏，故二人之间的感情如同亲人一般。

林巧稚时常随卡琳出去探访教会中的信徒家庭，无论贫富，卡琳都一视同仁。有时，路上听到有人叫她"女鬼佬"，她从不生气。她也从不抱怨在异国他乡生活的辛苦和不便。卡琳的一句口头禅是："上帝第一，他人第二"，这是她行事为人的准则。她曾借给林巧稚一本书名叫《心灵小史》，是由一位法国修女所写的灵修日记。这本书深深影响了林巧稚，使她像作者一样，甘心成为彰显耶稣基督荣耀的一朵小花；也使她认识到一个真正的基督徒用爱所做的哪怕只是些平凡的琐事，同样能够成就非凡的事业，因为他（她）见证了基督的福音并彰显了神的爱。这些帮助林巧稚确立了自己人生的方向、道德观和价值观。

一棵幼苗在林家淡雅宁静的纱窗下，一天天成长起来。转眼，巧稚已出落成一个端庄文静的大姑娘。饱满的额头闪烁着智慧的光芒，大大的眼睛时时透着坚定与自信。这一年夏天，巧稚已在十年制的厦门女子师范学校读完小学、初中，还有一年就要毕业了。十八岁的巧稚面临着人生的十字路口。何去何从，巧稚犹豫了。自己的朋友和同学，有的已结婚生子，有的父母已给定了亲，还有一些家境富裕的同学要出洋学家政系，因为有地位的男人都要从家政系里选妻子。巧稚也渴望着留洋，要求学问，要成为一个技术专家。但是严峻的现实摆在面前：母亲去世后，家境每况愈下，而且父亲的高血压症越来越严重，哪里有钱供她留学。巧稚踌躇着，孩提时代的理想又一次浮上心头……

还是在巧稚五岁的时候，母亲患宫颈癌去世了。妈妈究竟是怎么死的呢？这在小巧稚心中是一个很大的疑团。后来，她终于从大姐和嫂子的口中得知，母亲的病症是子宫大出血；再后来，知道那出血的原因，是子宫长了瘤，用新医学的名词讲，就是宫颈癌。据说，母亲在怀她的时候，此病已逐渐形成，所以影响了她的发育，她的身材比大哥大姐要矮得多。

母亲的早逝，使巧稚从幼年就知道了女人的病痛，懂得了妇女的健康对后代的影响，当她在夜里为失去母亲而暗暗哭泣的时候，她甚至天真地想：我为什么不早出生几年啊？我为什么不是个医生啊？我要是个手到病除的医生，一定会把亲爱的妈妈留在世上……因此，每当和哥哥姐姐给母亲扫完墓回来，她都要暗暗地下定决心：为了死去的妈妈，我要学医！

孩提时代的理想一直激励着巧稚，而且随着年龄和学识的增长，这个理想就越来越清晰了。

高中毕业后，林巧稚获得了一份令人向往的工作——留校任教。但她并不满足于此，她希望能够进一步深造，并想成为一名医生，像圣经中《使徒行传》的作者路加一样，一面传福音拯救人的灵魂，一面医病救人，

解除人肉体上的痛苦。正在这时，她从朋友和卡琳小姐那里得知北京一所美国人所办的医学院将要在全国招收25名学生的消息，于是她决定前往应试。但她当时有些担心自己是否有能力考取。这时，卡琳小姐鼓励她说："你是我见过的最好的学生，应该接受更完整的教育。面对这么大的决定，你应该恒切祷告，尽自己最大的努力，而不是考虑自己行不行。把它交给主，听从主的安排，会带领你前面的路。"听了卡琳的话，林巧稚建立了考取医学院的信心。

幼年时代的理想现在在巧稚的心中越来越明晰，并逐渐地膨胀，这种理想压抑着她，也化为一种力量支撑

着她。她攥紧拳头，像是对自己也像是对别人发誓说：我一定要学医！为了死去的妈妈，为了千千万万个忍受病痛的生命。巧稚的眼前一片光明，她似乎看到了未来，看到了手执手术刀的她正忙忙碌碌地，拯救着每一个受苦的灵魂，在哥哥的支持下，巧稚决定报考医学院。

1906年，英美在北京的六个教会团体联合创办了一所学校，叫作北京协和医学校，清朝慈禧太后及官员也捐赠了白银两万多两。校址设在北京东单帅府胡同东口（后为协和医学院的公共卫生楼）。这就是北京协和医科大学的前身。

1914年春，美国洛克菲勒基金会派遣一个调查团，来华考察中国的医学教育、医院和公共卫生状况。调查团建议在北京建立一个医学教育工作机构，并和协和医学校联系起来。根据调查团的建议，1914年11月，洛克菲勒基金会成立了驻华医社，承担在中国的医学教育工作。

1915年，医社与上述教会团体订立合同，接收了协和医学校的房地产，并提供维持费和建筑费，接办协和医学校，同时对学校进行改组，定名为私立北京协和医科大学，成立了由13人组成的董事会主持校务。

1916年。协和医科大学获美国纽约州立大学大学认可立案。

协和医科大学的宗旨是提倡医学，公共卫生及造就医师，培养医学教员。为了扩大办学规模，1916年驻华医社开始选择新的地址，看中了与协和医学校毗邻的豫王府。

1917年，协和医科大学破土重建，1921年9月，也就是林巧稚到来之前，全部竣工。

一座座青砖绿瓦的建筑连成一片，好似一座庞大的宫殿，气度恢宏，雄伟壮观。从外表看，它颇具有中国民族风格；到里面瞧，水磨石地板、钢窗、电灯、电话、自来水以及当时最先进的仪器和医疗设备等等，又富有现代特色。

协和医科大学1917年成立预科，1919年成立本科。学生先上预科，三年后，如成绩合格，则升入本科，再

北京协和医学院校徽

学五年。协和医科大学每学年分三个学期：9月中旬至12月中旬为第一学期，然后放寒假；1月至3月为第二学期，然后放春假；4月到6月为第三学期，6月中考试完毕，放三个月长长的暑假。

这是一所特殊的学院，仅八年制这一条，就会把没有耐力和意志不坚定的人吓跑，而且它的淘汰制度十分严格。七十五分才算及格。一门主课不及格，留级；两门主课不及格，除名。绝对没有商量的余地，更没有补考的机会。

1921年7月下旬的一天，一艘英国太古公司的客轮，行驶在厦门至上海的途中。

太阳刚刚升起，平静的海面上洒下万点金光。海鸥张开雪白的翅膀，伴着轮船飞翔，不时发出短促而欢愉的鸣叫。

船尾传来了一对年轻姑娘的对话声：

"巧稚姐，听说协和很难考，是吗？"

"是啊！全国招三十人，只有北京、上海两个考场。"

"哎呀，那你怎么敢去考啊！"

"怕什么？既然招人，就总会有人要考上！再说，越有人竞争的事，越值得我们去做。"

"要是，要是万一考不上呢？"

　　"我的衣、物都带全了，考不上，我就不回去了，留在上海谋生。"

　　"那怎么行呢?"

　　"为什么不行，我有一双手，饿不死!"

　　7月的天气，酷热难耐，但在考场上林巧稚忘记了一切，只是紧张地答卷子。忽听有人用生硬的中国话喊："密斯林巧稚!"林巧稚顺口冒出一句英语："我还没答完!"那美国老师也改用英语继续说："密斯林，请出来一下!"无奈，林巧稚只好出来了。原来，是她的女伴中暑晕倒在考场需要她帮助处理。她二话没说，立即与另一女生将女伴迅速抬到阴凉处，解开旗袍领口，放一块湿毛巾在头上，并给女伴在上海的姐姐打了电话。仅用十来分钟，她便迅速敏捷地处理完了这起突发事件。然而，回到考场，考试时间已过。林巧稚只好悻悻地离去。这时她已不对考试结果抱什么希望了。

　　可在发榜之时，她却发现在百里挑一的金榜之上有她的名字!原来，在考场之外，她被考官发现了难得的素质：第一，会一口流利的英语，这对在协和学习至关重要;第二，处理突发事件沉着果断有序，这是当医生不可缺少的;第三，她的各科总成绩并不低。

　　林巧稚终于实现了到协和学医的愿望!

　　巧稚倔强而年轻的心容不得失败。她用行动证明了自己。考后两个星期，巧稚接到了"北京私立协和医科大学"的通知书。她成功了，巧稚激动得流下了眼泪，为了辛苦一生的父亲，为了中途退学的哥哥，为了已在天堂的母亲，也为了鼓浪屿的父老乡亲。巧稚的心颤抖了，她感到了自己肩上的分量。

协和医科大学位于北京最繁华的区域—东单牌楼往北，由东单三条直至干面胡同这个不算太小的地段里。这是一片兼有我国传统造型艺术和西方色彩风格的建筑群。屋顶全是色调含蓄的暗绿色琉璃瓦，檐牙高啄，盛气凌人，屋脊上对称地排列着避鬼驱邪的兽头；抱厦的大圆柱子岿然耸立，气度不凡；坐北朝南的大门外，蹲踞着一对戏弄彩球的石狮子。协和医科大学是美国洛克菲勒基金会在中国办的，是亚洲第一流的医学院。美国州立大学认可立案，毕业后授予纽约州立大学医学博士学位。

人们都说，没有敢闯地狱的勇气，就休想走进协和医科大学的大门。开学伊始，四面八方聚集来的才子才女们就看出了竞争的势头，二十五个人同时站在起跑线上。最自然的力量在发挥着作用："物竞天择，适者生存。"

要强的巧稚能够在学海竞舟中取胜吗？

金秋的10月，是北京最美的季节，蔚蓝的天空一碧如洗,秋风送爽,万里无云。田野里,到处是成熟的庄稼,到处是收获的景象。

10月下旬的一个星期六的下午,一辆大卡车载着林巧稚班上的同学,驶出西直门,风驰电掣,直奔卧佛寺。每年一度的秋季郊游开始了。带队的是校长秘书,一个瘦高个的美国老姑娘。她在带领大家上车时,宣布的第一条纪律是:不准带书。

林巧稚真的没有带。她的习惯是,学习时就集中精力学习,玩的时候就痛痛快快地玩。

当天,他们游玩了卧佛寺,第二天又骑毛驴游香山赏红叶,夕阳西下时分才回到卧佛寺。同学们意兴犹浓,话题不绝。晚饭后,带队的老师休息去了,大家仍聚在一起畅谈着,不时发出阵阵轻松的笑声。

北京协和医院

大家谈兴正酣时，一个男同学抽身走了，躲在一个角落里，在昏暗的灯光下读起外语来。

巧稚眼尖，嘴也快："哎，老师不是不让带书吗？你怎么这么用功啊！"

"哼，说得好听，"那同学自己解嘲，"谁没带书啊！"

"我就没带，敢打赌吗？"巧稚毫不退让。

同学们哄堂大笑。那男同学不敢应战，但又不肯示弱，"我们男生不能跟你们女生比！"

"为什么？"巧稚咄咄紧逼。

"为什么，为什么……"那男同学在寻找着适当的词句，"唉，反正你们女同学随随便便念念就可以啦！"

"那又为什么？"巧稚寸步不让。

"唉呀，你怎么那么多'为什么'呀！反正……"那男同学不愿把内心的想法公开说出来，"哎，你自己看看嘛，就拿协和医院来说，有女的当大夫的吗？"

巧稚不服，马上还击："哼，不要觉得就你们男生行，我们女生不行！"

"敢比比吗？"那男生也反击了。

"比就比。"巧稚拉起旁边女同学的手，一字一句地说："你们男生考一百分，我们就要考一百一十分！"

又是一阵欢快的笑声。

　　以一百一十分比一百分，这是一个勇敢的挑战。也许别人只把它当成一时激愤说出的笑话，巧稚却十分认真地把它看作自己当众宣布的誓言。她决心用自己扎扎实实的行动，打破世俗对女人的偏见。

　　学校的管理制度非常严格。每天晚九点，舍监点名，

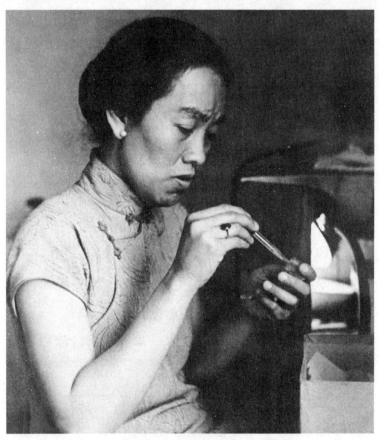

林巧稚在工作

十点钟，全部就寝，不睡也得睡。但是，一过十二点，总电闸又合上了，这使不少人有了"钻空子"的机会。林巧稚就常常在十二点以后起来，把电灯罩上纸，悄悄地继续看书、学习。天寒地冻，冷了，就披一条毛毯；饿了，就啃几口烤白薯。她心中只有一个念头；得拼！不能落在男同学后面，不能在竞争中被淘汰。

百舸争流，奋楫者当先。一学期过去了，巧稚不仅适应了北方的生活习惯，也适应了协和紧张学习的生活节奏，她的各科成绩都有了长足的进步，成为班上的佼佼者。

期末的最后一堂生物课，同学们静静地等待着老师宣布考试结果，许多人的脸上都显出不安的神色。

老师依次念着全班同学的分数，有的不及格，有的刚满七十五分，有的虽然略高一些，但是从语气中可以听出老师并不满意。他一边念着，不时停下来指出不该发生的错误。

一叠试卷念完，却没有林巧稚的。她有些发慌，担心考了坏成绩，连忙举起手说："老师，没有我的卷子。"

"你的卷子在这里，"老师从桌上拿起她的卷子在同学面前一晃说："这次考试，密斯林成绩最好，九十八分！她不仅题答得正确，还有所创造。你们看——"老师把手中的卷子展开指着上面一个画得十分工整的插图

说，"她用这个图帮助说明问题，很好。你们都应当向她学习。"

同学们都向林巧稚投来敬佩的目光。他们对这位同窗女伴从此不得不刮目相看了。

时间过得飞快，转眼八年寒窗已到尽头。入学时的二十五名同学如今仅剩下了十六人，淘汰率近百分之五十！林巧稚，一个来自鼓浪屿的南方姑娘，却以优异的成绩，一路领先，独占鳌头，赢得了学院最高荣誉奖文海奖学金。文海奖学金每年评选一次，授予考试成绩累积分数最高者。按规定，每届毕业生中只有一人能够获得。也就是说，从1924年颁发此奖以来，包括巧稚在内也只有六人获得这份荣誉，而巧稚又是其中唯一的女性。巧稚用自己的行动证明了自己的诺言。

文海奖学金，是协和医学院毕业生的最高荣誉奖。它是以文海这位外籍教会医生的名字命名的。文海为创建协和医科大学与协和医院做出了很大贡献。为了纪念他，学校把他住过的楼，命名为文海楼，把他捐献的一笔钱作为奖学金。文海奖学金每年评选一次，授予本院本科学生在五年学习期间考试成绩累积分数最高者。按规定，每届毕业生中只能有一人能够领取。

1929年6月12日下午5时，协和小礼堂里座无虚席。主席台上，院长、教务长、各科主任、客座教授、贵宾和总司仪也一一落座。院长旋即宣布毕业典礼开始，教务长向院长报告毕业生姓名，请院长颁发毕业证书和学位证书。医学院16名本科生，身穿黑色博士服，头戴黑色方顶博士帽，依次走上台去，激动地接过用白羊皮纸制成的协和医学院毕业文凭和美国纽约州立大学的博士证书。

这时，乐曲高奏，掌声雷动。

接着，院长郑重宣布："本届文海奖学金获得者，为林巧稚博士！"

在一片掌声中，林巧稚走上台，接收了院长亲自授予的获奖证书。证书上用英文写着：

亲爱的林博士：

能授予你文海奖四百元一张支票，我感到十分愉快。我祝贺你因在医本科的学习中取得成功而荣获此奖，并衷心祝愿你成为医学界的一位未来成员。

下面是院长潇洒的签名。

林巧稚凝视着手中的证书，心潮起伏不平。她心中充满自豪的感情，她终于以自己奋斗的成果实践了自己的决心和诺言——争做第一！

第一位中国女妇产科主任

中国的西医妇产科只有很短的历史。

一直到19世纪末，中国还没有专门的妇产科。妇产科的手术通常由外科医生兼做。那时候的女病人，无论患了多么严重的妇科病，宁可在痛苦中死去，也不愿做妇科检查。

1911年，英国医生波尔特在福建省福清县建起了中国第一个产科病房。

这以后，随着外科手术、麻醉技术及各种药物的进步和发明，妇产科疾病的诊治也有了进步。妇女的病有了专门的妇产科医生。

这一年6月下旬，春天已过，盛夏和雨季还没有到来。蓝得像一湖秋水似的天空上，漂浮着淡淡的薄如轻纱的云片。校园里，通往协和医院的甬道两旁，高大的白杨树墨绿的叶片，在阳光下闪闪发亮，一切都显得生

机勃勃。

林巧稚迈着轻快的步伐走在校园里，新的生活开始了。但此时她的内心却在激烈地运动着。上午，校长将她叫到办公室，祝贺她因在协和八年中的卓越表现而被留在协和医院，并拿出内科、外科和妇产科主任的推荐书，让她考虑一下，做一个合适的选择。

巧稚矛盾着。在那个时候，协和医院是有大小科之分的，像内科和外科，都被看作是最有作为的大科，不论从人员配备上还是从仪器设备上都被列入优先的地位，而且历届留校的优等生，都是放到这两个科里的。至于

林巧稚故居

儿科和妇产科，在通常概念中都是属于不大受人重视的小科。同那些妇女孩子打交道，会有什么出息，能产生多大的社会影响？它的发展前途与内外科相比，无形之中就会看出明显的差别。人往亮处走，鸟往高处飞，这也是人之常情。

但是巧稚眼前又清晰地浮现出在妇产科实习时的种种画面。她在妇产科实习时，亲眼看到有些妇女焦急地等待着候诊，恨不能马上就见到大夫，让大夫把自己身上的病检查个水落石出。可是每当真坐在男大夫面前，特别是外国男大夫面前，她们的脸色便兀自红了半截，大夫问过几句话之后，她们便慌了，等到让她们脱下衣服检查时，有些人竟是比杀头还难，死也不肯，急得男大夫毫无办法。

可是当那些病人看到穿白大褂的人中，竟坐着一位中国姑娘时，她们的脸上充满了希望与喜悦。在一般科室里，病人总是喜欢把病历送到年纪大一些的医生面前。然而在妇产科，情形恰恰相反，那些病人总是愿意将自己的病历送到一眼就看出年纪还很稚嫩的巧稚面前。什么原因呢？无非因为她是个女人，一个和病人说着同样语言的中国女人。每当看到这种情景，巧稚的心里便热乎乎的。因此她对于病人也就感到格外亲切，对于她们身上的病，检查得格外细心，那些似曾相识的面孔，不都是自己的姐妹吗？有的时候，同室的男医生看到巧稚案头病历太多，压得她喘不过气来，他们便好心地把病历拿过几份来，可是他们一连叫了几个名字，却无一人答应，等过了一会，那些病历又被悄悄地移到巧稚的案头上。巧稚自然是不会拒绝的，那些男医生无可奈何地相视笑笑，以后就不再干这类傻事了。……

想到这，巧稚笑了笑。的确，这里太需要女医生了，特别是中国的女医生。她也不能忘记妇产科主任马士敦

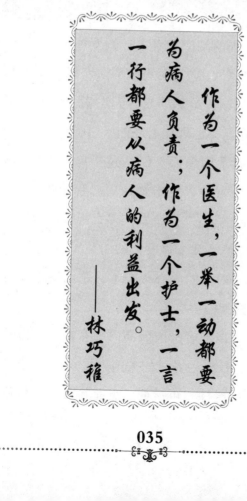

作为一个医生，一举一动都要为病人负责；作为一个护士，一言一行都要从病人的利益出发。

——林巧稚

的话："你们中国的难产妇真多！妇女病真多！"女人有
那么多的妇科疾病，这些疾病因不便启齿，使她们的身
心备受折磨。是啊，给那些姐妹们看病，帮助她们解决
痛苦，不就是自己早已埋在心底的夙愿吗？

　　巧稚又想起了因患妇女疾病过早离开人世的母亲，
想起了邻居婶婶大娘、姐姐妹妹们忍受的难言的苦楚，
想起亲爱的嫂嫂的话："做个女人多么不容易呀！你有了
能耐，可千万别忘了我们做女人的痛楚！"

　　想着想着，巧稚的内心兴奋了，她已迫不及待地要
去叩响妇产科的大门。

　　从王府井大街沿着帅府园胡同往东走，可以看到协
和医院的正门：铁栅栏做成的大门，长条石做成的台阶，
两旁有白玉石的栏杆。再后面，就是协和医院的庞大建

筑群。

这是一大片三层楼房。楼和楼之间既有楼道相通，又有天井相隔。这些楼房，按照英文字母的顺序，分别称为A、B、C、D……排到妇产科，正好是K楼。K楼的一层，是妇产科门诊，二层是妇科病房，三层是产科病房和妇产科办公室。

7月的一天，林巧稚来到K楼三层，敲响了马士敦办公室的门。她是来报到的。

马士敦伸出手来对她表示欢迎，那威严的脸上掠过了一丝不常有的微笑。马士敦的祖国在遥远的英吉利，然而他的父亲早年来到台湾传教。马士敦自己在福建永春县一个教会医院做过医生，他的哥哥是福建一个教会医院的管理人员。他还会讲一口闽南话。因此，他对福建人有一种特殊的感情，对林巧稚尤为器重。

马士敦1920年应聘来到协和。他的内科、外科都不错。协和送他到美国进修一年妇产科之后，请他担任了妇产科的教授和主任。

马士敦古板严肃，不开玩笑，脸上很少有笑容。他脾气暴躁，对工作的要求非常严格。

报到之后，马士敦当场向林巧稚宣布了住院医师制度和应当注意的种种事项。

林巧稚对此早有所闻。住院医师一天二十四小时都不能离开医院，对自己负责的患者的病情，必须了如指掌。病人或上级大夫找你，必须随叫随到。每个住院医师都有一个号码。如果暂离岗位，人家就会通过电话总机房，用号灯来寻找。那是一种能打出四五位数字的灯，装在医院的各个病区、走廊等处。一旦看到自己的号码，就必须立即与总机联系，听候通知。

住院医师一般要当上三至五年。之后，几个高级住院医师当中，才有一人升任总住院医师。总住院医师要掌握整个病房的情况和住院医师的情况，协助主任工作。五年之后，住院医师升为主治医师，才可以搬到医院外面去居住。

这是一个等级森严的阶梯。医学院的每个毕业生，都要经过这一级级台阶，才能迈向教授的宝座。

林巧稚开始了住院医师的生活。

她是妇产科住院医师中最勤奋最好学的一个。白罩衣的口袋里，经常装着一个小册子，那里面有各种疾病治疗操作常规和医生注意事项。在产科病房，她一夜一夜地守着产妇；在妇科病房，她用心学习主治医师对疑难病症的诊治。她的工作兢兢业业，一丝不苟。她用印刷体的英文所书写的病例详细而工整，常常得到马士敦的夸奖。她虚心请教，不耻下问，学到了不少临床知识。

有一次，一个产妇向林巧稚诉说下腹疼痛，想排尿而又排不出来。林巧稚检查病人的腹部，感到腹围增大，似有肿块。她赶快把马士敦找来，向他报告说："这个患者像是得了卵巢囊肿。"马士敦询问了病史，又亲自做了检查，然后，板起面孔问林巧稚："导尿了吗？"

"没有。"林巧稚后悔，为什么自己忘了这个步骤！

"导尿！"马士敦命令护士。

导尿完毕，马士敦问病人："还有不舒服的感觉吗？"

"没有了。"

马士敦扬长而去，头也没回。

林巧稚被丢在病房。她尴尬地站在那里，烦乱、懊悔和羞愧的心情一齐向她袭来。如果有一面镜子，她一定能看到自己的脸是通红的。

晚上，她回到宿舍，马上查阅妇产科学讲义。哎呀，

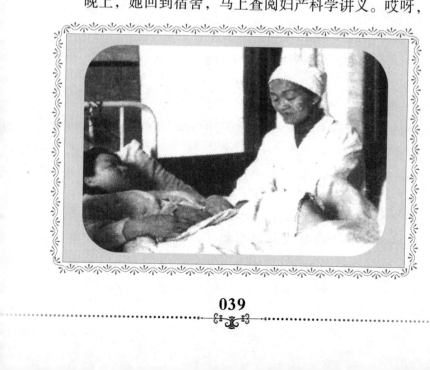

那上面明明写着，产后会阴受到损害会产生尿潴留！这不正是尿潴留的症状吗？

林巧稚记住了这个教训：一定要重视病史，重视检查，必要时还要请化验室检查，切勿根据一点表象就下断语。

自此以后，林巧稚的工作更加仔细认真，化验室、病理科经常有她的足迹，阅览室的灯光下常有她的身影；她书写的病历上，还往往画着病灶……

一次，一位产妇产后大出血。那是因为胎盘没有剥离。主治医师是个外国人，手大，很难伸进子宫。站在旁边的林巧稚说："我来试试吧！"主治医师点头应允。于是，林巧稚上了手术台。

胎盘剥离下去，出血止住了。林巧稚满心喜悦。主治医师向她投来赞许的目光。

由此，林巧稚就开始了实际操作。

半年之后，总住院医师生病，马士敦让林巧稚代理总住院医师的职务。她担起了别人要奋斗四五年才能争取到的重任。

马士敦有绅士派头，对下级极严。早晨八点钟，他准时上班，"住院总"（人们这样称呼总住院医师）要在他的办公桌上摆好一杯热牛奶；八点半，他要听"住院总"的汇报；九点，"住院总"要迈着小碎步儿，紧紧地跟在主任后面查病房。主任提出的问题，"住院总"和住院医师们要马上作出回答。临时翻病历是不许可的。必须背出自己所负责的病人的情况，必须肯定地（绝不能是含糊地）说出处理意见和进行这种处理的依据。这里，来不得半点懒惰，来不得一丝一毫的马虎。这里，竞争比在学校更厉害。

在新的竞争场上，林巧稚又成了引人注目的佼佼者。

其实，在马士敦手下当总住院医师，绝非轻松的差使。除上午查房之外，每天晚上，"住院总"还要向他汇报整个病房的情况。对他在电话中连珠炮式的追问，必须应答如流，连翻看本子都不行。这倒锻炼了林巧稚，使得她养成了事必躬亲，深入实际，对任何病例都要掌握第一手材料的习惯。

有趣的是，每天晚上向马士敦汇报，时间必须在八点整。晚一点不行，早一点他也不满意。有一个星期天，林巧稚到朋友家去吃饭，赶不回来，八点整，就在那里给马士敦打电话。这个精细的老头，也许是听出电话里的声音比较遥远，就问道："你是在医院里吗？"吓得林巧稚再也不敢离开医院寸步！

渐渐地，额外的重负一个个地压在林巧稚身上。经常为马士敦看守特别病人，就是一个繁重的负担。甚至林巧稚在升为讲师之后，还得这样做。然而，马士敦在技术上却是垄断和保守的。他那一把刀不肯轻易放下，也不肯轻易把技术传授给别人。

忙碌的日子，时间也飞逝得格外的快。转眼，圣诞节来临了。这天，漫天的风雪从早到晚一刻没停地呼号着，傍晚之后，雪势更大，天地都淹没在一片呼啸的风雪中。

深夜，产房里静悄悄的，只有巧稚一人在值班。忽然寂静的暗夜中传来急促的电话铃声。巧稚急忙接过电话，电话中告诉她急诊室来了个年轻的妇女，子宫破裂流血不止，让她赶快抢救。巧稚赶下来看时，只见病人的脸色已经像纸一样苍白，呼吸微弱，脉搏轻得像雪花落地，没有一点声息。看来，她离死神已经不远了。巧稚连忙给她输液，采取了紧急的止血措施。又赶忙给主任马士敦打电话。好半天，对方才接电话，听得出来他是刚从被窝里起来，拖着无精打采的腔调："密斯林，什么急事使你不能等到天明之后再来电话？"

"马士敦主任，实在对不起，我不该这样晚来打扰您，可是急诊室里来了一个子宫破裂的病人，流血不止……"

巧稚的话还没说完，就被对方打断了："等明天再说吧！"停了一会儿，他好像犹豫了一下，接着又说："你先给她止止血，做些紧急处理！"

巧稚焦急地说："主任，流血过多，病情严重，恐怕等不到天亮了！"

对方沉默，好半天没有说话，后来还是说了："如果已经来不及，我去了也没用，只怪他们来得太晚了。如果……"对方又在考虑，沉默了许久，忽然作出这样的决定，"如果还来得及，你就给做手术吧！让住院总值班给你找个助手！"

"主任！主任！"巧稚紧紧地握着电话，可是对方已经把话筒挂上了，她急得眼泪都快出来了。

怎么办？一个住院助理医生，没有上级医师在旁监护、指导，能够单独地做这样大手术吗？她能一个人单独地擎起这根大梁吗？人命关天，非同儿戏！如果真的发生预料不到的事情，那后果将是不堪设想的。不仅她

的名声，她的职业全要因此而断送，还要承担一切经济上的赔偿和法律上的追究。此时此刻，她的心就像窗外的树木，被急骤的风雪吹得飘飘摇摇。

病人的丈夫是个年轻的教员，身边还跟着一位年迈的母亲，都焦急地守候在那里。他们好像已经听到或者猜到了电话的内容，看着手里还攥着电话愣愣出神的巧稚，便走了过来。

年轻的先生首先向她施了一礼说：“大夫，你救救她吧！你是我们中国大夫，我们相信你会尽力抢救她的！”

那位老母亲也流着眼泪，拉着她的手说：“救命的菩萨，快发发善心救救我儿媳妇吧！”

救危济难是医生的天职，怎能见死不救呢？只要病人还有百分之一的希望，就要想法夺回百分之九十九的失望。她没有工夫去埋怨马士敦，也没有工夫去细想自己的责任和后果。眼前只有那个可怜的女人和与这条可怜的生命休戚相关的亲属。她这个被人们亲切呼唤的中国大夫，不能眼看着自己的同胞姐妹在她眼前咽下最后一口气，也不能眼看着他们在自己的身边作那撕裂人心的生离死别。

她马上拿起电话，重新拨了电话号码：“喂，手术室吗？有个急诊病人马上要做子宫全切手术，请你们做好准备！”

无影灯下，巧稚紧张地动着刀剪。她那一双灵巧的手帮了她的大忙。那些复杂的器械在她手里好似件件都长了眼睛，无论是剥离、切除还是缝合，都做得那样细腻、利索，护士们简直不敢想象站在手术台上的是一个新手，是第一次单独做这样大手术的新手。她们不断地为她揩去额头上渗出来的汗珠。巧稚全神贯注，两手不停地忙碌着，终于在这个风雪之夜完成了她的第一例手术。伴着手术的成功，她临阵不慌、冷静、果敢的性格得以充分展示，给在场的人留下了强烈印象。

第二天，马士敦急匆匆地走进病房，巧稚连忙向他报告了子宫全切手术情况。他神情紧张地听着，眉间皱起一道刀砍似的深沟。他把桌上的手术志拿过来急匆匆地看了一遍，接着又细细地看了第二遍，第三遍。室内的空气紧张得让人窒息，巧稚和在场的医护人员都担心地瞪大了两眼望着他。

看着看着，他紧皱的眉慢慢舒展了，脸部紧张的肌肉也松弛了，眼里流露出喜悦的光彩。他高兴地站起来，把一只宽大的手重重地拍到巧稚的肩上："嘿，林大夫，你真了不起！了不起！我早就看出来了，你是个聪明果敢的女性！手术做得干净利索，太好了！太好了！让我们到病房去看看病人！"

马士敦从病房里出来，更是高兴万分，他甚至情不

自禁地跑到别的科室，把这件事详详细细地说给他的朋友和同事们听。他把这件事当成子自己的光彩和荣耀，以此来证明自己有识人的眼力："那是一个了不起的女性！"

这次手术的成功，使巧稚在科里受到更多的重视。在新的竞争场上，林巧稚又成了引人注目的佼佼者。

原任总住院医师，得的是肺结核。在林巧稚代理他的职务十个月之后，仍未康复。马士敦决定，林巧稚升为正式总住院医师。这样晋级的速度是罕见的。要知道，总住院医师是一个何等重要的台阶啊！它是通往主治医师的桥梁！这个"宝座"，历来是住院医师们奋力争夺的目标。为了它，同事之间，互相封锁，互相拆台，互相倾轧之事，时有发生。林巧稚不搞这些。她是凭着自己的刻苦和勤奋，谦虚和谨慎，凭着对患者的一颗负责的和慈爱的心！因此，她对同事们投来的羡慕和妒忌的目光，不予理睬，十分坦然。

经历，是人生最好的老师。临床实践的经历，是医生最好的老师。日复一日面对不同的患者，与各种疾病短兵相接，临床医生练就了冷静清晰的头脑和快速分析处理病情的能力。

在协和，凡是有过"住院总"经历的医生，后来无一不是各专业的佼佼者。日后，每当人们谈到他们骄人的医术，他们无不百感交集地怀想起当年的经历。

由于林巧稚卓著的工作成绩，1932年至1933年，巧稚被派往英国曼彻斯特医学院和伦敦妇产科医院深造一年。

在协和，凡是服务满一定年限的医生，都有出国进修的机会。英国，是林巧稚小时候常听父亲提过的地方，也是卡琳老师的故乡。她在鼓浪屿读书的时候，曾无数

次地幻想能够去英国求学。

在曼彻斯特进修期间，林巧稚的大部分时间是在实验室里度过的，她参与了医学院产科专家的研究课题——小儿宫内呼吸，是在导师和外国同事们的研究基础上进行的。

短暂的进修时间，林巧稚是不可能完成一个课题研究的，但重要的是，她接触到了妇产科医学研究的前沿，有了自己的研究方向。

结束了在英国的进修，林巧稚按计划赴维也纳综合医院进行医学考察。

维也纳综合医院历史悠久，规模庞大，在18、19世纪就享誉欧洲。林巧稚刚刚在那里熟悉环境，还没有来得及欣赏多瑙河畔的迷人风光，就发生了一件令人不快的事情。

她收到了一封协和医学院的电报，电报要林巧稚考虑是否改学公共卫生，并考虑回国后到北平第一助产士学校工作。

林巧稚不明白，为什么学院会给她发这样一封电报。仅仅是征求意见，还是告知这个决定呢？如果是已经确定的事，为什么马士敦主任在来信中只字未提？

她想不通，她在妇产科刚刚有了自己的领域和方向，为什么要让她改弦易辙。

其实，四年前毕业时，林巧稚就曾考虑从事预防医学，到公共卫生系工作。有人对她说，女人做"公卫"是最好的选择，因为女人迟早要结婚，做"公卫"不用上夜班，可以干得长久。林巧稚当即决定放弃这个选择，因为这不是她的初衷。

她也曾想过做一个儿科医生。她看到，许多幼儿先天的疾病直接源于母亲，这也使她最后下决心选择妇产科。

林巧稚很快给协和医院回电，对于院方要她考虑的两件事情，她明确表示"拒绝接受"。

同时，她还给马士敦主任写信，谈到这件事情并表明了自己意愿。马士敦当然希望林巧稚能回妇产科工作，在他的斡旋之下，这件事不了了之。

1935年7月，林巧稚晋升为讲师，主治医师，搬到了院外居住。1937年，林巧稚晋升为副教授。

又是一个月朗星稀的夜晚，林巧稚很晚才从医院回来。和她同住的小俞望着一脸疲倦的林巧稚关切地说道："林大夫，您，也该有个家啦！"

"家？"林巧稚笑笑，"咱们这不是个很好的家吗？"

"不，我说的不是这个意思，"小俞在找着合适的字眼，"比方说，您早出晚归，总应该有个男人接接送送才好啊！"

林巧稚

　　"啊！你说的是这个呀，"巧稚敛住了笑容，"这，我不考虑！"

　　"为什么？您都三十几岁了！"

　　"是啊！正因为三十几了，才显得我所干的事业和我的年龄很不相称，"巧稚很感慨，

　　"在国外，有人三十四五岁已经是副教授、教授了！而我现在干出了什么？"

　　"那您为了事业就不要家了，不要您个人的幸福？"小俞接着问。

"我是个女人，我何尝不希望得到一个女人应当得到的幸福呢？可是，你想，我要是结了婚，当然就要生孩子，培养、教育孩子，关心照顾丈夫，操持家务。可是，按我现在的忙劲，怎能做好这一切。如果做不好，怎能算一个合格的母亲和妻子！反过来，如果我把时间都花在家庭上，那我还有什么精力去管产妇和病人？那样，我能算一个称职的大夫吗？家庭和事业，二者不能兼得，只能挑选一个。"

"那您——"小俞的话没说完，被林巧稚打断了。

"我是个'蒲尔菲森'型的妇女，'蒲尔菲森'，懂吗？职业。我是个职业女性，我要搞事业，就必须把家庭放弃。"

小俞不再往下问了，她用敬重的目光深情地注视着这位圣洁刚强的女性，她已深深地懂得，林巧稚深深眷恋的，是崇高的医学事业！她的青春，她的生命，都已倾注在"白衣天使"的恋曲中。每一个经她拯救的女人的幸福，也就是她的幸福。她用她纯洁无瑕的双手，点亮千千万万个幸福家庭的圣火。

1937年7月30日，北京沦陷了。

协和医院偌大的病房一下子空旷了。凡是能行动的病人全都提前出院。

国难当头，兵荒马乱，谁还在医院里躺得住呢？只

有产科依然忙碌，唯有孩子的出生挑选不了时间。

妇产科主任马士敦在这一年在协和的聘任到期，他神情黯然地向林巧稚告别："林大夫，我要回英国了，我离开妻子和孩子的时间已经太久了。"

马士敦是协和妇产科的创办人。从1917年协和医学堂时期起，他就在妇产科工作。20年的时间过去，妇产科的教学、科研、医疗齐头并进，不仅在中国首屈一指，即使在国外的同行那里，也享有了一定的知名度。如今，协和的前途未卜，他在这样的时刻离去，毕竟有些黯然神伤。

林巧稚真诚地为他祝福，能够回到自己的国家，和久别的亲人团聚，怎么说也应该高兴。

马士敦说："林大夫，请记住一个老朋友的话。无论什么时候，我都欢迎你到英国去工作。你会成为任何一家医院的骄傲。"

1939年，日寇对中国的入侵步步深入。战争把中国人拖入了苦难。但协和这所美国人治下的医学院还维持着正常秩序，当时美国和日本两国之间还没宣战。

就在这一年，林巧稚由协和派赴美国学习。

在芝加哥大学医学院妇产科，林巧稚继续着胎儿生理等领域的研究。设施完备的实验室，集中的时间和精力，使她有条件在生命幽深的奥秘中探寻。

1940年，林巧稚结束在美国的学习，即将启程回国。

在美国，她被授予"美国自然科学荣誉学会会员"，获得了美国自然科学荣誉学会的证书和金钥匙。

当时，中国的北平、华北，包括东部沿海地区都被日军占领，国内外已有协和医学院将要关闭的风声。林巧稚此时完全可以选择留在美国，以她的资历和能力，可以在美国任何一家医院得到很好的工作。但是，对林巧稚来说，研修期满返回北平是天经地义的事情。至于安全与否，会不会面临协和关闭后的失业，都是在返回北平后才能考虑的事情。

1940年，林巧稚从美国进修回来后，妇产科主任已换为惠狄克。这是一个心胸狭隘、业务无能、品德也不高尚的美国人。他嫉妒颇有威信的林巧稚，常常用种种难题刁难林巧稚。当时林巧稚晋升副教授已经四年。妇产科教授的位子空着，但这个无才无德的主任压着不让林巧稚晋升为教授。

有一次，惠狄克带着嘲弄的口气，对林巧稚说："密斯林，你晋升教授的申请，校务委员会没批准，我也没办法！"接着又自以为是地耸耸肩说："只懂得拉拉产妇的手，是当不了科学家的！"

惠狄克的一席话和那挑衅的目光，深深刺痛了倔强的巧稚。她容不得美国人如此轻视中国人，她冷静地向

院方提出辞职。

在中国人提出辞职的问题上，院方第一次感到为难。在旧协和，中国医生是不受重视的。谁愿走谁走，绝不阻拦。留在协和干，升到副教授几乎是到了顶，再想升到教授和主任，那就相当困难了。当时，偌大个协和医院，中国人当教授的只有一位。而外国医生，不管知识和技术如何，都能青云直上。

但在权衡林巧稚和惠狄克谁去谁留的问题上，院方一反常态，把砝码放到了林巧稚这边。因为，惠狄克为人心术不正，协和同仁对他的反映强烈。而林巧稚不仅技术高超，而且人品高尚，在协和很有威信。人心所向，院方只得舍却惠狄克，挽留林巧稚。

1941年10月，惠狄克走了，林巧稚被任命为协和医院妇产科主任。

在协和医院的历史上由中国妇女担任科主任，这是第一次。

不为良相，当为良医

1941年12月，珍珠港事件爆发，美日正式宣战。由美国人创办的协和医院和协和医学院受到日本驻军的控制。一天早晨，日本兵突然开进了协和医院，正在为病人打针吃药和开刀的医生、护士、药剂师和其他医护人员，都被赶出了协和医院的大门，他们居住的北极阁大院里的宿舍也被占领了。国破家亡，林巧稚又开始寻找新的出路。

当时被遣散的协和医生，有的背井离乡，出外谋生；有的暂栖古都，以私人开业行医谋生。林巧稚决定留下来，和苦难的古都共患难，不能做一个救危济世的良相，就做一个鞠躬尽瘁的良医吧！

在那动荡年月里的一个晴朗的日子，东堂子胡同十号院响起了一阵鞭炮声，"林巧稚诊疗所"正式开业。

协和医学院毕业的大夫，在当时北平社会上颇有声

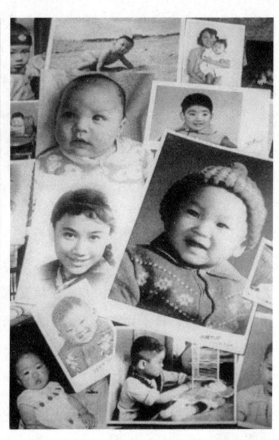

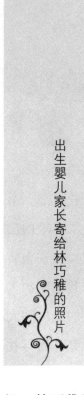

出生婴儿家长寄给林巧稚的照片

望。林巧稚诊所开业后，慕名来找她看病的患者很多。以前，穷苦的老百姓一般不敢登协和医院的大门，因为它的医疗费用太昂贵。现在私人诊所收费低，他们都乐意来此求医。这使林巧稚有机会接触更多的下层群众，了解他们的命运和疾苦。平时，林巧稚在家中看门诊；有时，也拎着药箱出诊，还不辞辛苦地骑着小毛驴到市郊或者更远更偏僻的地方给人接生、治病。生活的这种变迁，使林巧稚眼界大开。她时而登堂入室，被请到官僚富豪的深宅大院去出诊；时而走街串巷，到蹬三轮、拾煤核人家的大杂院去接生。她既看到了牵着洋狗耀武扬威的阔佬阔少，也看到了那些在寒风中节衣缩食的平民百姓……人世间的贫富对比，是这样鲜明，这样强烈。林巧稚的心，越来越倾向于那些在社会底层为求生存而痛苦挣扎的穷苦人。

一个雷雨交加的夜晚，已进入梦乡的林巧稚忽然被一阵急促的敲门声惊醒，门外传来敲门者焦急的声音："林大夫，求求您啦，我家里的要不行啦，她难产，怕过不去啦！"林巧稚穿好衣服，二话没说拿起诊包就随着那男人走了。

低矮潮湿的屋里，产妇在痛苦地呻吟着……借着昏暗的煤油灯，林巧稚看见产妇面色青紫，目光呆滞，绝望的呼声已喊得太久，现在已经缓慢无力了，好像一片干枯的叶子很快就要从树枝上飘落下来。经过检查，巧稚发现胎儿是斜卧在母腹中，产妇盆腔生理性狭窄，再加上营养不良，身体虚弱，现已面临着险境。

巧稚忘记了自己，忘记了身边的一切，屋里没有一张凳子，她就双膝顶着炕沿，半弯着腰，小心谨慎地帮助产妇扶正了胎位，接着又用一双灵巧的手为她助产……时间在艰难中度过。拂晓时分，一声婴啼，孩子终

于生下来了。

林巧稚借着昏黄的灯光，仔细打量着母子俩：母亲，头发蓬乱，骨瘦如柴，眼窝深陷的脸上没有一点血色；婴儿瘦小羸弱，皮包骨头。营养如此之差，健康怎能得到保证？她不由得叹了口气，想起在协和医院的情形。那里的产房有优越的条件，产妇每天都由医院营养室做好饭菜。在这个多为上层人服务的环境里，她很少想到一般老百姓的妇幼保健问题。现在，她看到了，但困难当头，民不聊生，所谓妇幼保健事业，实属空谈！

"林大夫！"一声亲切的呼唤，打断了林巧稚的思路。那男人端来一碗热腾腾的棒子面粥，"您忙乎一夜

了，咱家也拿不出什么来招待您，您将就着，暖暖身子吧。"

林巧稚的眼眶湿润了，心想，这大约是产妇最好的营养品了！她深情地望望这位憨厚的穷苦人，接过粥碗把它放在产妇的床头，说："留给她吧！她还要给孩子喂奶呢！"

说罢，林巧稚解开诊包，从里面拿出她常备在身边的五十元钱，递给那男人："钱不多，给她买点鸡蛋，补补身子。"

那男人一惊，再三推辞，但林巧稚不由分说地塞进他的手里，转身出了门。那男子呆呆地站在那里，厚厚的嘴唇动了半天，说不出一句话来。

为了使更多的贫苦人家也能得到治病的机会，巧稚决定将普通门诊挂号费降为三角。那时，北平城里的妇产科诊所的门诊挂号费最少是五角，多的有几块钱的。林巧稚诊所一降低收费标准，便引起了一片哗然，招惹许多同行的不满。他们都知道，声望很高的林巧稚开业，他们的门诊病人已经有很大一部分被吸引过去了，如今她又把门诊收费标准降得这么低，有谁还再找到他们的门上来呢？为此，有人去找巧稚，请林大夫为大家的生计发发善心，是否也将收费标准略略往上提一下，起码不能再比他们最低的五角还要低了！

　　巧稚的心里何尝没有慈善之念，她的一百个信条中有九十九个就是关于博爱、仁慈和广施于人的，对于同行同业的人，她丝毫没有挤兑他们的意思。她只是考虑到那些贫苦无援的病人更需要这种善念。五角钱，在当时已是半袋面粉的价钱了，再要打针、吃药、开刀，对于一个小户人家来说，该是何等沉重的负担呀！

　　有的人在不满之中，暗地里采取了一些手段，他们说你林巧稚不是要广施于人吗，那么好，就把那些难治的病人都推到你这里来，看你这个大慈大悲的观音，是不是个千眼千手佛，能不能慈航普渡，医治百家的病？最后，还不得不在难堪中，自食降价之果！巧稚心知会有这样的人，这样的事，她也毫不计较，只是在精心医治上多下功夫，对那些疑难的病症，也是尽心竭力地想

法治好，她是为了病人，为了自己的同胞姐妹，不是与
同行的人在争夺和怄气。大家都在给人治病，有什么好
争夺的呢？渐渐地，那些人也服了气，都把门诊挂号费
降为三角。巧稚听到后，就像她为人治好了一桩疑难病
症似的，心里很温暖。为了向同行业的人致意，她便主
动地将一些候诊者，动员到其他诊疗所去，一来免得病
人远路奔波，费钱费力，同时也使别的诊所门庭不致冷
落。

　　那时，北平城自己开业的医生中，有不少是病人躺
在手术床上，才向家属提出苛刻条件。有的，开一次刀，
就要一根金条。这些人很快发了大财，有了汽车、洋房
……但林巧稚鄙夷这种昧良心的行为。她唯一的信条就
是为解脱蒙难同胞的病痛之苦竭尽全力！在她心中珍藏
着一个遥远的杏林的故事。巧稚小时候，父亲给她讲过
这样一个故事：三国时候有个叫董奉的，也是他们福建
人，医术很高明，交州刺史得了病，昏迷三天，人事不
省，有人就把他请了去。董奉给刺史吃了三副药，那位
刺史就痊愈了。于是，董奉的名字传遍天下，到处都有
人请他治病。后来董奉到了庐山脚下，看那里山川秀丽
便定居下来，专为那一方的黎民百姓治病。他给人治病
分文不取，只是要求重病患者在他治愈之后，到莲花峰
下种杏树五棵；轻病患者在治愈之后种杏树三棵。几年

之后，庐山北麓的莲花峰下，已经是一片灿若明霞的杏树林了，有杏树十几万株。他自己也到那里盖了间茅舍，就住在这片杏树林里。凡是有人来买杏的，也不必去惊动他，只要用同等的器具装一些稻谷放到他的檐下就可以装走同样多的杏子。董奉将所得的稻谷全部周济给周围贫困的人家。

不为良相，当为良医。良医之心，不也应当像董奉那样，充满着慈善、周济、仁爱、施舍的信念吗！

巧稚在这小小的诊所里，从1942年4月开业以来，到1948年5月协和医院恢复为止，在这六年多的时间里，到外面出诊还不计算在内，仅在这里就填写了八千八百八十七份病历。经她手接生下来的孩子，已多得不可计数了。有许多孩子现已长大成人，但他们的名字还一直被呼唤为念林、敬林、仰林、怀林……

我愿为年轻同志当铺路的石子、向上的梯子，你们就大胆地踩着我的肩头上吧！

——林巧稚

I am willing to become a stone to surface the road, or a ladder to be climbed up if young people need. Please climb up on my shoulders to make great progress.

By Lin Qiao zhi

打开"协和"窗户看祖国

　　1949年的日历刚翻过三十张，历史庄严地写下了新的一页：北平和平解放了！正阳门箭楼上第一次插上了鲜艳的五星红旗。漫长的黑暗岁月，终于宣告结束，一个新的时代在我们面前展开了！

　　9月，全国解放大局已定，新政协会议隆重召开。各路爱国人士云集古都，共同商议创建新中国的大计。北平城到处张灯结彩，喜气洋洋，从来没有像这样充满着热情和欢乐。

　　然而，在绿色琉璃瓦屋宇下的协和医院，一切似乎还与过去一样。医院照样开门，医生照样看病，没有人觉得天地翻覆，也没有多少人兴高采烈地上街去看热闹。除了少数主持院务的美国人心神不宁外，大多数人只是偶尔看一眼院墙外跃动的红旗，在惊奇人们为什么这样狂热?！

9月底的一天，林巧稚接到一张大红请柬。她拿起来，匆匆地扫了一眼，只见上面写着：

协和医学院林巧稚教授：

兹定于十月一日下午三时在天安门广场举行中华人民共和国中央人民政府成立庆典，特请光临。

看着自己的名字上了请柬，林巧稚摇摇头，嘴边掠过一丝不经意的笑容。"真有意思！"她自语着，随手把请柬放在桌上。

像往常一样，林巧稚来到值班室听取汇报，带领总住院医师叶惠方到病房查看，然后到门诊检查。午后两

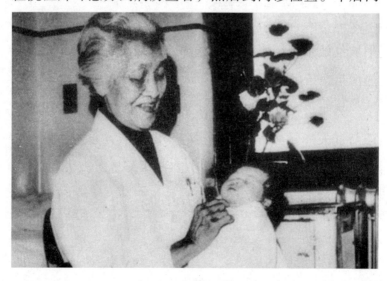

点，才和叶惠方一起，回到自己的办公室。

"主任，听说共产党政府今天成立了，要请您去参加庆典？"叶惠方打开了话匣子。

"这不是！"林巧稚向桌上努努嘴。

"您去吗？"叶惠方好奇地问。

"我？我才不去呢！改朝换代的事我见多啦，我是个医生，治病救人是我的本分，政治与我无缘！"林巧稚快速地说着，耸耸肩，脸上露出安然自得的神情。

"不过，共产党的军队还是挺讲纪律的。这些日子他们在大街上来来往往，对老百姓秋毫不犯。"叶惠方说。

"这倒是，跟以前的军队大不一样，还有，进城没几天，就把全北平的妓院都给关了，办了件好事。飞涨的物价也平稳了，可谁知道以后会怎么样？将来共产了，还要不要祖国？我怎么没见他们打什么国旗，光打着面红旗，这算什么呀？"

"国家总还是要的吧，他们不是说要建设人民的共和国吗？"

"民国以来三十八年了，改朝换代，你下我上，像走马灯似的。哪个政府上台时不说得好听？！为民众，为人民，这个主义，那个主义，听得多了，谁见过真正为老百姓的？嗨，管那么多干嘛，我们凭我们的手术刀吃

林巧稚在进行医学研究工作

饭，反正政治是专门有人干的。"林巧稚说着，抿嘴笑了起来。

这时，协和医院门外的王府井大街上，穿红着绿的秧歌队正载歌载舞，向天安门方向行进，满街彩旗如云，人若潮涌。欢腾的市民尽情地敲着锣鼓，扭着秧歌，在等待着一个庄严的时刻。

时针指向三点，扩音器里传来震撼人心的声音，毛泽东主席在天安门城楼上宣读《中华人民共和国中央人民政府公告》，五星红旗冉冉升起，广场上万众欢呼，声震云霄。

这震天动地的声响，也传进了邻近广场的协和院门。林巧稚愣了一下，迷惑地看了看窗外明净的天空，又迈着轻捷的步伐，走向静静的产房……

金色的秋天过去了。西风扫荡了香山的红叶，时序进入了冬季。

一天，医院办公室的同志找到林巧稚，询问她是否愿意去西南参观土改运动？

"土改？这跟我有什么相干？"

"农村里斗地主，分田地，搞得轰轰烈烈，人民政府准备有计划地组织一些专家去参观。"来人尽量做着解释。

"都得去吗？"

"不，这是卫生部的邀请。如果愿意的话……"

"我没有时间，要是卫生部命令我去的话，我可以服从。"巧稚留下这句话，转身走了。

林巧稚不愿参加任何有政治色彩的活动，她表现得出奇地固执，不听任何劝说，无论是热情的邀请，还是崇高的荣誉，一概拒之门外。她，只愿紧闭起心灵的窗户，潜心于自己的医学事业……

1951年1月20日，人民政府接管了私立北京协和医院，把它改名为中国协和医学院。1952年春天，在抗美

援朝和三反五反的高潮中，党领导了对知识分子的思想改造运动。协和医学院自然地被列为这次运动的重点。北京市委派来了以张大中同志为首的高校工作组。

一天夜晚，工作组组长张大中叩响了她的房门。

林巧稚不失礼貌地迎进客人，但脸上并无友善的笑容，她冷冷地说：

"我在协和已经三十一年了，我对它有深厚的感情。我不是一张简单的白纸，我这纸上已写满了字，而且许多字都是和协和连在一起的。让我抹掉任何一个字，在感情上都是接受不了的。"

"是的，人都有感情。"张大中被巧稚率直的态度吸引住了，微笑着平静地说："我们从来不全盘否定历史。你的纸上是写了不少字。字与字也很不一样，许多还是很好的字吗！为什么要抹掉它呢！"

林巧稚心头一热，她细细品味着这句话，看着张大中真诚的目光，心想：这样说吗，还有点道理。

真诚的钥匙，启开了信赖的大门。

"外国人帮助我们培养人才，我的本事也是跟人家学来的。现在让我站出来揭发他们，那不是过河拆桥吗？"她把憋在心里的话一股脑都倒了出来。

张大中同志耐心地对她讲清道理，告诉她必须划清帝国主义分子和一般外国专家学者的界线；划清政府的

20世纪70年代，林巧稚（右）和我国著名妇产科专家王淑珍在北京。

政治关系与个人的学术交往关系的关系；划清美帝国主义怎样推行文化侵略和个别专家学者只关心学术活动的界限……

一席话得体、入理，林巧稚开始信服了。她点着头说："我真诚地希望，共产党真如你们介绍的那样，实实在在地做下去，只要这样，一定能得到全国人民，包括我在内的拥护。"

思想改造运动在协和医学院步步深入。一件件触目惊心的事实，展现在林巧稚的面前。

旧协和医学院院长顾临曾经给蒋介石上疏献计，要把协和的精神遍施于各个高等院校，以便麻痹青年革命意志和笼络更多的知识分子。

外国大夫为了要得到一副软骨症的典型骨骼标本，竟偷偷地抽取患者饮食中的全部钙质，直至患者因脱钙而死。

回归热可以用"六〇六"做有效治疗，但在一位患者的病历上却写着："此人不予六〇六治疗，因需留给梅伦纳大夫研究用。"

无数铁一般的事实，拨开了林巧稚眼前的迷雾，她从困惑之中走出来了。她记起了莎士比亚在《罗密欧和朱丽叶》里的一句台同：

"一个人关起了门躲在房间里，闭紧了窗子，把大好的阳光锁在外面，为自己造成了一个人工的黑夜……"

"这句话像是对我说的，我不就是这样吗?!"林巧稚吃惊地走到窗前，猛一把推开了窗子。

暮色将临，落日的余晖染红了西天。火红的晚霞，像彩锦一般铺展在天空。

盛夏。午后，东单三条协和医院小礼堂内，座无虚席。人们都满怀兴趣地想听听林巧稚大夫究竟怎样剖析自己。

这是思想改造运动以来，第一次召开检查会，林巧稚将作为专家教授中的第一名代表登台发言，剖析自己的思想。

　　"各位先生，各位同事，"林巧稚静默片刻，终于开始了她的发言。她像一边做手术，一边讲解剖一样，回顾自己的前半生，述说着自己思想的发展和演变。她讲青年时代在鼓浪屿海滩上编织着理想之梦，考进协和孤身北上时的喜悦，旧协和森严的校规对女性青春的无情剥夺，旧北平动荡年月医生的忙患，满城欢庆时自己无知的疑虑，未去一睹开国典礼的终身遗憾，共产党的耐心帮助和引导……从她心中流出的长长流水，激荡着会场上每一个人的心弦。

　　最后她满含幸福的泪花说："我现在是看出来了，新出来的太阳比什么都好。我爱这明朗的天空和明朗天空下边的生活！对于过去，对于过去的旧协和，我就是要过这条河，拆这座桥！"

　　林巧稚心灵的门窗敞开了，这是一位正直的医学家向党和人民呈献的一颗赤诚的心。当时在会场的著名剧作家曹禺同志曾根据巧稚报告的内容，写了一个有名的剧本《明朗的天》。

　　会后，巧稚写了一篇题为《打开"协和"窗户看祖国》的文章，发表在《人民日报》上。

　　文章开门见山，设题自问：

　　"过去三十年，我从协和窗户内看祖国，炮声愈响，

我把窗户关得愈紧。这一回，什么动力叫我自觉地打开
"协和"的窗户，看见了我们可爱的祖国呢?"

她回顾了三十多年的经历，热情地写道："打开三十
多年关紧的窗户，伸出头去歌唱我们亲爱的祖国，从今
走向繁荣富强……"

林巧稚

总理夫人的电话

　　医院的门诊所，是社会的一角。社会的巨大变迁，往往可以从这里看到它的片段。林巧稚发现，在求医的人群中，穿狐皮大衣、抹着猩红唇膏的太太、小姐装束在改变，人群中渐渐多了一些穿灰布军装的人。

　　这些人衣着简朴，肤色虽不如太太、小姐那么红润鲜嫩，大多因风吹日晒而显得黝黑粗糙，但谈吐不俗，落落大方，没有太太、小姐们那股娇滴滴的酸劲。特别引人注意的是，她们走路总挺直腰板，堂堂正正，昂首阔步，端庄而又稳重，有着旧时代女性少见的英武气派。她们脸上常带着真诚的微笑，给她们看病没有那么多不顺心的事，倒是她们常常替大夫着想，会主动地问这问那。年轻人暗地告诉林巧稚，这些都是共产党的女官。林巧稚一开始只是新奇，渐渐地，她开始留意观察起来。观察的结论是：妇女要让人瞧得起，还就得这样！她不

林巧稚（右三）和其他医务工作者在一起总结临床治疗经验

知不觉地关心起她们来了。

一次，她给一个穿灰军装的患者看完病说：

"你们营养太差，应该注意补充一点。"

"灰军装"似乎不理解，说："我们都是供给制，大家都一样的。"

"噢，你们共产党都是讲究一律。"林巧稚仿佛恍然大悟。

病人笑了。解释说，上下级之间有点差别，但不大，大家都领津贴，享受供给制的待遇。生活费用不算富裕，但比起以前好多了。最困难的时候，她们是靠树皮草根度日子的。

"当官的还这么穷？"林巧稚觉得不可思议，也非常

惋惜，叮咛说："补不起，那就多注意调养吧！"

病人感激地握着林巧稚的手。林巧稚觉得她们的手都是那样的有力。

又到了林巧稚门诊当班的时候。这一天，她早早地来到了诊室。年轻的护士把一叠挂着一等号的病历单，放到她的桌子上。

享有权威声誉的协和医院，挂号办法也有特殊之处：一般门诊，属二等，价格较低；指名要某位名医诊治，可以出高价挂一等号。林巧稚当班门诊，挂一等号的患者就比较多。

开诊不一会儿，护士引进来两位穿灰布军装的人。前面一个年轻些，像是陪同；后边一个已入中年，剪着齐耳的短发，圆圆的脸显得有些苍白。

"这是你们挂的号？"林巧稚指着桌上的病历问。

"是的。"中年妇女答道。

"你们以后不要挂这种号了。这要多花钱。凡是我当班的时候，二等号我也看。只是多等一会儿，一样的。"林巧稚和善地注视着对方，指了指面前两种不同的挂号条。

"好的，好的。"中年妇女感激地点了点头。

陪同的年轻姑娘连忙解释说："我们不太了解规矩，想请林大夫仔细给这位同志检查一下身体。"

　　"那没有问题，你们放心好了。"林巧稚说着执笔在手，把病历单铺到面前问：

　　"你今年多大了？"

　　"四十六岁。"

　　"生过孩子吗？"

　　"生过。"

林巧稚

"多大啦?"

"要是活着的话,该二十二岁了。"

"怎么? ……"

"生下不久就生病死了。是个九磅重的男孩,胖胖的,挺可爱。"

"什么毛病?"

"也没有什么大病。就是医院条件太差,处理不当。"

"为什么不到条件好一点的地方去生?"

"当时敌人到处搜捕我们,去大医院马上就会暴露目标……"

林巧稚停住了笔,嘴巴不由得"啧"了一声,轻轻地摇摇头,又问:

"后来有孩子吗?"

"没有。"

"为什么?"

"以后环境更恶劣了,行军,打仗,身体落下了病根,工作又忙,顾不得治疗,从此再也没有要小孩……"

林巧稚的心怦然一动。她把蘸水笔捏在手里,不停地转动着,目光久久地停留在眼前这位病人的脸上。

看得出,岁月的风霜,在她面庞上留下了深深的印记。然而,她眉宇间透出的那种神情,是那样自信、坦

然；眼角边的鱼尾纹上，闪动着慈爱、亲切的光波。听她的话，她显然是饱经忧患，历尽艰险，辗转于危难之中，出入于枪林弹雨的一员战将，但眼前所见，却明明是一位温柔、谦和的大姐！

这真是一个新的女性！林巧稚心里油然升起敬意。多少年来，她就追求着做一个坚定自立的女性，为此，她献出了自己的青春，牺牲了做母亲的权利。想不到，眼前这位共产党的女官，为了自己的信念和理想，献出了比她更多更珍贵的东西！

不仅仅是同情，几乎是怀着一种由衷的尊敬，林巧稚仔细地为病人做了全面的妇科检查，回答了一连串问题。她希望尽力为这位可敬的患者解脱病痛和忧虑，使她得到更多的安慰和温暖。

事后，有人特意来问她："您知道这位病人是谁吗？"

林巧稚茫然地摇摇头。她看病向来不注意患者的姓名、职业，在她面前，没有地位高低之分，只有病情轻重之别。

"她就是周恩来总理的夫人。"

林巧稚疑惑不解地看着对方。

第二天，她办公桌上的电话响了，里面传出一个女性温和、热情的声音："是林大夫吗？我是邓颖超，谢谢您给我看了病，谢谢您的关照……"

林巧稚手握着听筒，觉得一股暖流通过电话线直贯到心头。

周恩来，邓颖超，两个名字似曾相闻。她努力搜索记忆，终于想起青年时代的往事。

那还是在鼓浪屿念中学的时候，她常常喜欢阅读各种书刊杂志。就在《在亚洲》这本书里，她看到过这两个名字。这本书的作者当时具体写了些什么，她已记不清了；但她清楚地记得，周恩来、邓颖超是被作为五四时期学生领袖来描述的，他们是当时先进青年的代表。

没想到，这个叱咤风云的人物，竟是这样的平易。林巧稚心中平添了几分崇敬之情。共产党，在她心里有了一个具体的形象。

过了不久，林巧稚接到一个会议通知，请她到中南

海怀仁堂参加一个报告会，报告人就是政务院总理周恩来。

看到周恩来这个名字，林巧稚心里有一种亲切而又好奇的感觉。她不想听政治讲演，但却很想看看这位早已知名的政治家究竟是怎样的一个人。

科学家们都惜时如金。仿佛按照严密的时间表查房、手术一样，林巧稚提前五分钟走进会场，几乎是踩着预备铃声，来到自己的座位。刚坐下，还没来得及稳定心神，扩音器里就传来一个洪亮的声音：

"请大家坐好，现在开会。"

林巧稚怔了一下，举目望去，只见讲台前站着一个中等身材的男子。时值初夏，他穿着一件白色的短袖衬衫，风度潇洒，神采飘逸；方方正正的脸上，浓眉似剑，目若朗星，扫视全场的眼光中，似有一种撼动人心的吸力。

她下意识地看了一眼腕上的手表：三时整，分秒不差！

"共产党开会还真准时啊！看样子还能办事！"她心里想着，话竟脱口而出。

静静的会场上突然冒出这样一句话，举座为之一惊。人们纷纷投来诧异的目光，有的不禁失笑起来。林巧稚猛然醒悟，连忙捂嘴低下了头。

一下午的报告，林巧稚虽然听得津津有味，但事后她记不得许多了。然而，脱口而出的那句话，却深深地留在了记忆里。几十年后，她还常常回忆起当时的情景，为自己说出的幼稚之言而好笑。

人们学步之初，举止未免有些幼稚、可笑，但它毕竟是迅跑的前奏。在了解共产党、认识共产党的道路上，林巧稚迈出了第一步。

当家作主

林巧稚置身于热气腾腾的生活激流里，浑身充满着青春的活力。1954年的夏天，她生命的史册，掀开了更加闪光的一页。

在8月举行的北京市第一届人民代表大会第一次会议上，她被光荣地推选为第一届全国人民代表大会的代表。几百万人口的首都，代表名额只有二十八名，林巧稚便是其中之一，这是何等的荣誉！当她看到自己的名字与毛泽东、周恩来、刘少奇、彭真等党和国家领导人排列在一起，出现在报纸上的时候，当她拿到盖着中央选举委员会大方红印的代表当选证书的时候，她不停地抹着泪水湿润的双眼。她走到哪里，都有人向她伸来热情道贺的双手。回到医院，同事们更是兴高采烈；妇产科的医师护士专门为她开了个庆祝会，献给她一束散发着馥郁芳香的鲜花。一进家门，侄孙们抢着扑向她的怀抱，紧握着她的手不放，说："姑婆在会上与毛主席握了手，我从姑婆那里把毛主席的手握过来了！"林巧稚开怀畅笑着，从来没有感到这样兴奋、激动……

9月15日，秋高气爽的北京城，艳阳当空，云淡似烟；大街上到处张灯结彩，红旗飘扬。人们在热烈庆祝新中国的首届人民代表大会胜利召开。

下午，林巧稚胸佩大红代表证，与一千多位代表一起，阔步踏进了中南海怀仁堂。林巧稚望着到处流光溢彩、修葺一新的皇家建筑，看到周围那些当年受苦受难，如今昂首挺胸的工人、农民代表，以及满面春风的教授、科学家们，心中充满了当家作主的自豪之情。

时近三时，毛泽东主席与中央其他领导同志来到会场。顿时，全场爆发出经久不息的响雷般的掌声和欢呼声。林巧稚纵情地拍着双手，沉浸在欢腾的海洋里。

三时正，毛泽东主席宣布开会后，用他带着浓重湖南口音的普通话，致了激动人心的开幕词：

"……我们正在前进。我们正在做我们的前人从来没有做过的极其光荣伟大的事业。我们的目的一定要达到。我们的目的一定能够达到。"当毛泽东主席有力地挥动手掌，结束致辞时，林巧稚心头掀起的热浪并没有马上平静下来。她觉得这闪光的语言是一团团烈火，在她的心头燃烧，在她的眼前燃烧。

林巧稚（右）作为国庆观礼代表在天安门观礼台上和外国专家合影

毛主席致辞毕，国歌高奏；全体代表，肃立默哀，向为创建新中国而牺牲的先烈们致敬。然后，选出了由九十七人组成的大会主席团，林巧稚荣幸地当选为其中的一员。她与党和国家领导人坐在一起，共同主持着会议的进程。

多么难忘的时刻！多么巨大的信任！荣誉的花环，在她的面前闪耀着迷人的光彩。然而，在这喜气洋洋的日子里，林巧稚却觉得自己似乎生活在梦幻之中，不安地思索着这简直难以置信的一切。

会议期间，她应《光明日报》的约请撰写了一篇文章。她用沉思的笔触，坦诚地抒写着自己的心迹。她写道：

"几天来，……时时都在想：'我怎样做了国家主人？'

'我怎样获得了今天这种崇高的荣誉？

"在我才呱呱落地，母亲就说：'唉！又是一个女的。'……要进学校了，人们又说：'女孩子干嘛念那么多书！'学了医，做了大夫，遇到的还是冷水浇头：'嘿！学公共卫生吧，谁相信女的开刀哇！'在二十几年前，深受帝国主义的文化侵略，使'家庭'和'事业'二者不可得兼。为了争一口气，'哼！看一个女的到底可以做出些什么！'我采取了后者，放弃了家庭的幸福生活，把自

己的全部精力，融化在做医生、从事医学科学的事业里。我憎恨旧社会的黑暗、不合理、不平等、不自由，但是找不出一个道理来，认为政治是污秽的，离得越远越好；崇拜英美，看不出自己国家的前途；自己生活在狭窄的圈子里。反动统治越黑暗，我就把自己的大门关得越紧。

"刚解放时，我脑筋一时转不过来，以为又是'改朝换代'，抱着观望的态度。人们欢欣鼓舞，锣鼓喧天，我却没有那种感情。

"但是，党领导着全国人民轰轰烈烈地投入了一系列的社会民主改革的运动，毛主席的光辉照亮了协和，照亮了我的生活圈。三反运动，党和毛主席的教育打动了我的心，旧中国多少年来贪官污吏的作风肃清了，改变了社会的面貌。这时在我脑子里的一个大问题解决了，我高兴地说：'国家的希望来了。'我从一个'旁观者'走进了人民的队伍。

"思想改造运动，党和毛主席对知识分子的亲切的爱护和关怀，用无可怀疑的事实，科学的马克思列宁主义的分析，自我教育的方法，启发了我们的爱国主义思想，使我分清敌我，提高了觉悟，……我自觉自愿地打开协和窗户，看见了可爱的祖国；我走出了我的生活小圈圈，不再旁观了，要做毛主席的小学生，跟着毛主席走；我参加到人民革命的队伍里来了，我开始了个人历史的新纪元。"

林巧稚回顾自己的思想变迁，展望未来，满怀信心地写道：

"在人民当家的祖国大家庭里，我是一个女医生，女科学工作者，政府和人民给予了我很大的信任和重视……我在领到全国人民代表大会代表证书的时候，深深地认识到这个光荣来之不易……我衷心地尊重和感激人民给我的这个光荣的工作，我决不辜负党和毛主席我的教育和人民对我的信任，我要尽我最大的努力，忠诚地完成这个神圣的任务！"

林巧稚确实忠实地实践了自己的诺言。此后，她认真地到选区去听取选民们的意见，一丝不苟地到机关、工厂、农村去视察、访问，然后把看到的、听到的意见消化、总结，及时地向政府和人大机关反映。她以医学家严谨周密的作风，履行着人民代表的神圣使命。

在一年一度的全国人民代表大会上，林巧稚始终不忘自己当家作主的职责。她不仅认真地审议各种文件、报告，坦诚地发表自己的看法、见解。对于加强工厂保健工作、注意职业病的预防、提高医疗队伍的质量、大力开展医学研究等问题，她做过专题发言；也就加强医疗器材的制造、供应和研究、做好小学校及托儿所的保健工作、改善公费医疗制度、确定医务技术人员的休假

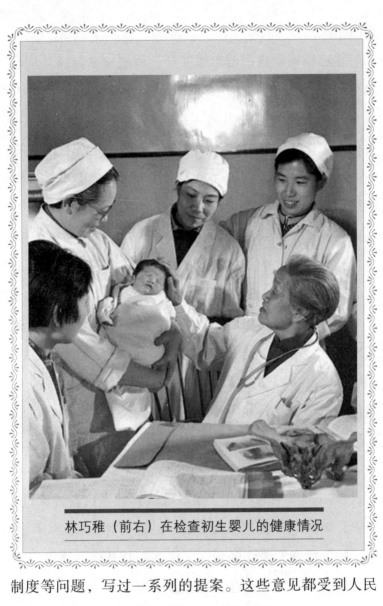

林巧稚（前右）在检查初生婴儿的健康情况

制度等问题，写过一系列的提案。这些意见都受到人民

权力机关的重视，促进了实际工作的开展。

　　1957年7月召开的一届人大第四次会议上，在著名

经济学家马寅初先生在会上发表《新人口论》这篇杰作的同时，林巧稚与她的同行、妇产科专家王淑贞、何碧辉、俞霭峰一起，联名作了一篇关于加强计划生育工作的书面发言。如果说，马寅初先生是以经济学家的锐利眼光，从社会学的理论上，及时提出了中国必须控制人口增长的战略问题，那么，林巧稚和她的同行们则是用医学家的严密分析，从生理学的角度，进一步阐明了控制人口的必要性和可能性。她们有自己的亲身实践，不仅提出了这个战略性的问题，而且提出了解决问题的具体措施和办法、经验和教训。

这篇发言的主要内容是：

儿童是我们的第二代，是社会主义事业的接班人，我们爱他们。但是，如果生育得过多过密，从个人方面说，会影响母子健康，妨碍母亲的生产或工作，增加父母抚养和培育子女的困难；从国家方面说，人口增加过快就要增加消费，影响建设资金的积累，妨碍人民生活进一步提高。因此，计划生育是一项有关国计民生的重要工作，有引起各级领导部门和全体人民重视的必要。

计划生育有没有办法呢？是有办法的。避孕就是实现计划生育的一项重要而具体的措施。如果做得好，百分之九十以上是有效的。因此我们对推行避孕工作应抱有信心。

　　二年来，我们在避孕问题上，虽然也做了一些工作，但是效果是不够令人满意的。这是什么原因呢？根据我们的分析，有以下的几方面：

　　一、首先应该指出的是避孕宣传工作中的缺点：几年来，我们对避孕问题的宣传是不够普及、不够深入的。此外，在宣传方法亡也还存在着一定的缺点。这主要是人们对避孕宣传工作的意义认识不足。就拿医务人员来讲，对此项工作的宣传，过去也是不够热情、不够积极的，甚至有人认为避孕并不是科学技术的问题，因此，不需要高级医务人员来作。年轻的医务人员由于缺乏指导和教育，对这工作也是不够重视的。其他有关方面也从没有将避孕问题当作重点来进行宣传。

　　我们认为，根据目前的需要，宣传内容主要应该包括思想动员及方法介绍两个方面。

1.思想动员，在现阶段，仍然是推行避孕工作中的一个重要步骤。这主要是因为许多人在思想中还存在着对避孕的不正确的看法。有些人虽然有避孕的要求，但是在封建保守思想的影响下，不好意思提出。有些人，由于缺乏卫生常识，错误地提出避孕是不合乎自然规律的，因此产生了种种顾虑，并对避孕缺乏诚意和信心；不能很好地掌握避孕的方法；即使掌握了也不能坚持，半途而废；一两次不用，又怀上了孕，于是就埋怨避孕方法的不可靠，对它丧失了信心。

有些男同志错误地认为养儿育女是妇女的事，孩子生病、教养等问题都有国家负担，和自己的关系不大，因此，不能正确地体会到生育过多过密对母子健康以及对社会主义建设上的不良影响，也就对避孕问题表现得不够积极，不够主动，漠不关心或甚至有抵触情绪。

以上这些思想情况是我们在医疗工作中所了解到的。这些思想情况无疑的是推行避孕工作中的一大障碍，必须通过大力、普遍而深入地宣传加以纠正。除了我们医务人员应在宣传工作上做更进一步的努力外，更希望工会、妇联、青联及各有关方面给予大力支持和协助，并通过各种有效的宣传方式进行思想动员，在群众中，特别是在已婚男女中造成避孕的气氛，使每人都能从思想上认识到避孕对于个人利益及国家利益上的重大意义。

2.避孕方法的介绍。这项工作是全体医务人员的责任。过去做的是不够全面、不够系统的。同时，在宣传资料上也还存在着不够通俗、不切合实际的缺点。要大力推广避孕，每个妇产科及泌尿科医师必须首先掌握有关避孕的理论知识和技术操作。各级医疗保健机构，包括医院、诊所、工厂保健站、农村医疗站等处，必须设立避孕技术指导门诊，以便在各级机构都能进行避孕的宣传及技术指导。

二、避孕药品、器材的供应上存在着质量差、数量不足、品种不多等缺点。最近供应情况虽已有改善，但在质量上，还存在着很多问题。目前我国还没有避孕用品鉴定的机构，我们认为需要培养有关的技术人员，成立鉴定机构，保证避孕用品的质量，改进供应。只有这样才能使避孕工作的效果得到物质保证。

三、过去避孕的科学研究工作做得是很不够的。现有的避孕方法虽然有效，但是尚不够简便。这些问题都急需大力研究，才能逐步求得解决。最近已将避孕的研究列入医学科学的研究规划，说明党和政府对避孕问题的高度重视和对人民保健事业的无比关怀。为了保证这项工作的顺利进行，我们还希望各有关方面在人力、物力上大力地给予协助；不仅妇产科、泌尿科医师，而且希望全体医务人员以及药物、生理、化学等有关部门的科学工作人员也参加这项重要研究。

在这里，我们还要提一提有关计划生育的其他几个问题：

1.人工流产问题：首先应该肯定的是人工流产不是避孕的方法，相反的，它还会妨碍避孕的推广。根据上海、南京、天津、北京、广州、武汉等地的实地调查，自从公布放宽人工流产的限度以后，避孕门诊的人数显见减少，此外，甚至还有人放弃了原用的避孕方法，以为怀孕后反正可以用人工流产来解决。这是一个很不好的现象。人工流产毕竟是一个手术，施行手术可能发生子宫穿通、大出血、感染发炎等危险；因为它是一个违反自然发展的手术，所以手术后，还可能留下因神经及内分泌功能紊乱所引起的症状。我们在诊疗工作中常见到过去做人工流产的妇女有白带多、腰酸、背痛等慢性症状。这些人工流产的不良影响，是国内外医学家们所共知的，也就是医务人员所以不愿轻易施行人工流产的主要原因。最近各地在这问题上的调查研究也证实了这一点。

2.永久性避孕问题；结扎输卵管或结扎输精管手术，在子女过多的夫妇中或身体不健康的妇女中是可以适当选择应用的，但是这种手术是永久性的避孕方法，因此就不能不分情况草率采用。

3.结婚年龄问题：我国有早婚习惯。新中国成立后，由于生活的改善，在许多青年学生、工人、农民中，早婚情况有增加趋势。这些青年，在婚后往往连续生育，严重影响了学习、工作、生活及健康，而且对子女也不能尽到教养的责任。因此我们认为有必要在青年中树立不要过早结婚的风气。

关于推行计划生育的这项工作，过去中央卫生部虽然作了布置，但因缺乏应有的督促和检查，收效是不够理想的。今后，我们希望党和政府加强对这一工作的领导。并希望各位代表在宣传及推广上，大力给予协助，以早日实现计划生育，加速祖国的社会主义建设，使人民生活能继续不断地提高。

时间过去几十年了。今天，当我们以极大的努力来克服因人口膨胀而带来的严重后果的时候，不能不加倍赞赏林巧稚等妇产科大夫的远见卓识！应当说，林巧稚等人的这个书面发言，与马寅初先生的《新人口论》，在当时的会议上，就是互相呼应，相得益彰的。可惜，人们知之者甚少。在我国最早提出计划生育这个英明口号的学者群中，林巧稚有着一席不容忽视的地位。她与同伴们写下的这篇发言稿，是该记入历史的功绩簿的。

普查普治

1956年底，协和医学院调整系科，原公共卫生系撤销。一天，林巧稚在医院里遇见这个系副教授张苣芬，立即拉住她，问她今后的打算。

张苣芬是协和医学院1942届的毕业生。毕业后，曾在北平第一卫生事务所从事公共卫生工作。1948年协和复校以后，又回公共卫生系任教。这次公共卫生系撤销后，领导上准备分配她去部队工作。她正在为选择今后的去向而犹豫。

新中国成立后，国家对卫生工作提出了"预防为主"的方针。林巧稚对此十分赞赏。她从自己的医疗实践中深刻体会到做好基础性卫生保健工作的重要性，一直酝酿着在预防工作上，开辟新的战线。

"到我这里来吧！我们妇产科正缺像你这样的人！我正想成立一个保健组，抓住这方面的工作。"林巧稚不

由分说地挽住学生的胳膊，滔滔不绝地讲述起自己的想法，"我总觉得单纯的医疗不是治本，只是治末。医院只是保障人民健康的第二防线、第三防线。我们应该把预防问题放在首位，做好卫生保健工作，筑起第一道防线。特别是妇产科，这方面有大文章可做。许多妇科疾病，都是可以事先预防的。要是保健工作做得好，门诊医疗等等的负担也自然减轻了。可惜，现在我们科里都是搞医疗的，没有人专门搞保健工作。你来吧，我们一起合作，会合作得很好的！"

林巧稚说着，手越挽越紧。

张茞芬听林巧稚这一席话，心里顿时荡起一股热流。她做卫生保健工作几十年，尝够辛酸滋味。在卫生界，做预防保健工作，向来不太受人重视；尽管工作琐碎、细致、艰苦，但地位却一直不高。今天，林巧稚却独具慧眼，讲出了自己的心里话。她拥抱着老师瘦小的身躯高兴地说：

"我搞保健搞了半辈子了，我就希望有这么个归宿！我愿意去，当您的助手，不过还得看组织上的意见。"

"那好办，我去院里要求。你这搞保健的，到部队去，用武之地毕竟不大嘛!"

林巧稚办事性急，说罢便撂下张茞芬，一溜碎步往院部走去。

经林巧稚的竭力争取，张茞芬调到了妇产科。为了有计划地开展妇女保健工作，先要摸清情况，做一些基础性的调查研究。林巧稚对严重威胁妇女健康的子宫颈癌，早有想法，建议先在这方面做些工作，把它作为突破口。

子宫颈癌，是妇科的多发病，早期诊断不易发现，到临床发现时，大多已是晚期，无法治疗。林巧稚建议制定一个普查方案，在北京市选择一个小区，通过挨家

挨户地调查，拿出具体数据来，寻求比较准确的科学结论。

张荟芬很快选定东城区一个五万人口的地区作试点，并拟订了具体的普查方案。林巧稚给张荟芬配备了两名护士，安排本科的住院医师轮流参加，协助普查，然后对荟芬说："你搞的这些保健方面的东西，我不太懂，你就放手干吧！技术上有什么问题，可以找我。"

张荟芬在妇联、街道等部门的配合下，带着厚厚的一叠调查项目繁多的表格，开始了工作。20世纪50年代，社会上还残留着不少封建的意识，一般都不愿意做

宫颈检查，尤其是一些年龄较大的妇女，任凭如何动员也不肯答应。林巧稚听说后，亲自来到居民点上做工作，给大伙儿讲普查的意义，讲做好保健工作的好处……

也许是她的一片真诚感动了大家，也许是她的满头银丝给人以信心，同样一句话，出于林巧稚的口，分量似乎就不一样。她在妇女心中有着特殊的地位。人们尊重她，信赖她。尽管她不是口才出众的演说家，然而，几句话便使妇女们打消了疑虑，愉快地对医生的普查工作给予配合。

普查工作，细致而又烦琐。年龄、性别、职业、家庭、月经史、生育史……样样都要了解；妇科检查中，发现子宫颈糜烂等病情，还要安排治疗，定期复查，观察病变……1958年整整一个夏天，林巧稚和助手们走门串户，逐人调查，终于收集了大量珍贵的数据，掌握了研究子宫颈癌的第一手材料。

初次试点普查的成果，坚定了林巧稚的信心。她进一步提出了在北京市扩大普查范围的计划，并且充实普查队伍，吸收陈本真等人参加，在东单和厂桥两个地区同时进行，作十万人口的调查。

这些在普查中得到的宝贵数据和资料，经过分析总结，后来写成论文《北京市88988居民区子宫颈癌普查结果初步报告》，发表在《中华妇产科杂志》上。1959年

在天津召开全国肿瘤会议，林巧稚因事未能出席，特意让张茝芬到会上把有关调查的情况和经验，做了详细的介绍，提议在全国进行更广泛的普查。这一成果在会上引起了强烈的反响。不久，十几个省市便开始了行动。到次年，全国性的初步材料便汇总了起来。

在研究分析中，林巧稚发现，妇女子宫颈糜烂的患者比较多，立即组织人力，在普查的同时，进行普治。一次，她听说有位中医老太太用一种叫子宫丸的药，治疗子宫颈糜烂等疾病相当有效，十分注意。经打听，这位老中医叫王志敏，恰好住在张茝芬家附近。她让茝芬找这位老中医请教。

王志敏老人孤身一人，与弟弟一家住在一起。她家是世代中医，有一个祖传十四代的秘方。多年来，由弟弟做药，由她行医，姐弟俩一直亲密合作，延续祖业。张茝芬登门求教，老人存有戒心，只给了几丸药，既不给方子看，更不谈药丸的做法。

林巧稚拿到药后，在临床上试用了一下，效果果然不错。我国传统的中医药，真是伟大而神秘的宝库！林巧稚赞叹之余，想起了周恩来总理一再提醒她的话：要好好学习中医，走中西医结合的道路。她决定亲自去拜访这位老中医，向她取经求宝。

一天下午，林巧稚来到了地安门外鼓楼附近的一条小巷，叩开了王志敏的家门。她称赞老中医药物的疗效，热情邀请她到协和医院妇产科与自己共同看门诊。老中医没想到这位在中国最有声望的妇产科专家，会亲自登门来向她求教，并邀请自己到北京最权威的医院行医。她简直受宠若惊，不知如何是好。老人是讲情义的，她被林巧稚的诚意感动了，欣然答应，当场献出了家传的秘方。

此后，林巧稚每周两次，把王老太太接到协和医院，与自己一起看门诊。她让专门从事病理研究的学生唐敏一，分析药方，改进药物比例，进一步提高了子宫丸的疗效。老中医对妇科现代化的检查方法，也非常有兴趣。两人互相学习，亲密合作，在半年时间里，就治愈了一批普查中发现的患者。

可惜，后来，张茵芬工作调动，离开了妇产科。林巧稚少了一位得力的助手，只得与陈本真等人继续勉力开展这项工作。有关全国性的子宫颈癌普查论文，在1960年《中华医学杂志》上发表后，立即在国际上引起了强烈反应。专家们从来没有听说过在这么大范围的高质量调查，纷纷写信给林巧稚表示祝贺，要求提供详细材料。后来，在林巧稚的主持下，这些论文汇编成册，作为我国参加1962年在莫斯科举行的第八届国际肿瘤会议的材料，在会上受到了国际医学界的重视。

　　林巧稚倡导并主持的大规模的子宫颈癌普查普治工作，后来逐步发展，取得了令人振奋的成果。经过普查，从理论上增进了对诱发子宫颈癌的病因的了解，许多患者也因此得以早期发现和治疗。几年后，子宫颈癌的患病率和死亡率很快下降。林巧稚的学生、妇科病理专家唐敏一始终参与这项工作，她在1979年发表的一篇论文里，把这一年的统计数据与1959年的数据做了比较：1959年每十万人口中，患病者为646.17人；二十年后，已经下降到90.46人。

　　林巧稚出色的工作成绩，使她获得了应有的荣誉。1959年，她被任命为中国医学科学院副院长，被评为全院的先进工作者，同时被推选为全国政协常委会委员、北京市政协副主席。1960年，又被评为出席全国文教"群英会"的代表。

孩提千万经匠手

　　林巧稚的名字，被越来越多的人所熟识、敬爱，她一生的奋斗目标"让所有的母亲都高兴平安，让所有的孩子都聪明健康"也被越来越多的人传颂。美国医师鲍尔士曾在《西方医学在中国的宫殿——北京协和医院》一书中这样评价林巧稚："现在在中国，她被看作是一个医生女英雄。"人们崇敬林巧稚，把她看成自己的知音，自己的救星，自己心目中的英雄。在她的办公桌上，每天都有来自国内外的信件：求医的、问候的、讨教的……

　　和妇科相比，产科更多了一份迎接新生命的劳累和喜悦。

　　产房是一个最难预测和把握的地方。产妇的情况也千差万别。有的人还没等送进产房，小生命已经迫不及待地出世。有的人历尽千辛万苦，才盼到临盆的时候。

　　林巧稚守候在产妇身旁，双手捧着刚刚离开母腹的

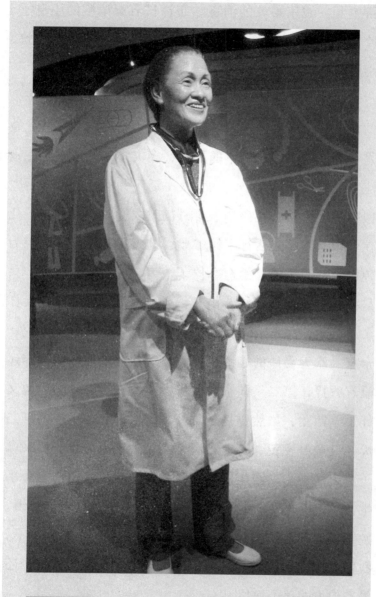

林巧稚蜡像

新生儿。她用柔软的消毒纱布擦拭着湿漉漉的小身子、聆听着新生儿的第一声啼哭，感受到生命真是一种奇迹，心里涌动着对生命奇迹的无尽的敬畏、虔诚与感恩。

1962年年初的一天，林巧稚接到一封内蒙草原寄来的信。写信的人满含着忧伤，信纸上浸着斑斑泪痕。她是一个已近中年的不幸的妇女，多灾多难的产史已使她流尽了眼泪。这个不幸的女人婚后不久就怀了孕，后因搬家过度劳累，在孩子五个月的时候造成小产，孩子死在腹中。两年之后怀了第二胎，结果又是早产，医院为她做了剖腹手术。她遭罪挨了一刀，倒无任何怨言，只是孩子生下来不到一个小时就死去了。事隔两年她又怀了第三胎，这回比较运气，足月分娩，顺产了一个男孩。全家人欢天喜地的心情可以想象。然而，他们的笑容还没有收拢，第二天孩子又全身发黄死去。一年之后她又怀了第四胎，虽然仍是足月分娩，但婴儿出生后的第二天，又全身发黄，身上布满紫红色的出血斑点，后来鼻子又流血不止，医生用尽了各种办法也没有留住这个小生命。四个短暂的生命，给孕妇带来极大的痛苦和恐惧。她绝望地向林巧稚呼救道："现在，我又怀了第五胎了，我们全家向您呼救，希望您伸出热情的手，拯救这个还没有出世的孩子吧！"

孕妇绝望的呼救声，揪紧了林巧稚的心。像这样新生儿因黄疸而死亡的病例，她以前碰到过。这是因父母血型不合而引起的溶血和黄疸，叫新生儿溶血症。但当时国内文献上只有死亡的记载。确切地说，这是一种绝症，不治之症！

林巧稚不能粉饰这个严酷的现实，但她那颗慈善的心却怎么也不能安宁。她大量地查询文献资料，希望能够得到一点开导和启示，觅到一丝希望之光。然而，她失望了。到目前为止，世界上还没有治愈新生儿溶血症的治疗方法。有的国家用静脉换血的方法治疗过，但失败了；有的国家换血虽然成功了，但也只是暂时留住了婴儿的生命，不久还是死亡了。巧稚的心沉了下去，她似乎看到了孕妇绝望的面孔，似乎看到了那个绝望的家庭。她惭愧、内疚。自己被称为妇产科专家，但是在许多恶疾面前却是一筹莫展。她又扪心自问："你，一个曾经满怀信心要做良医的人，尽到一个医生的责任了吗？书上说了，文献记了，便永世不得更移了吗？没有治好的先例，就不敢尝试向死亡挑战吗？为什么不开辟一条新路呢，为什么不能由我们中国人填补这项空白呢？科学的高峰不就需要不懈地攀登吗？"

巧稚刚强的个性使她又一次勇敢地接受了挑战。她请来了在京的许多有名的专家学者，反复磋商研究，最后决定采用小儿脐带血管换血的办法进行治疗。巧稚那

积满愁云的心头，终于照射进一丝希望。

婴儿的脐带血管是粗的。通过手术，彻底更换血液，确是治本之策，然而具体手术该怎样操作？解剖位置在哪里？如何确定切口？怎样把握抽血与输血的速度、数量、次数？……这一切尖端性的问题，都摆在巧稚面前。

一个晴朗的日子，孕妇带着忧虑与希望交织的心情来到北京。她入院后，林巧稚几次组织会诊。妇产科、儿科、病理科、血液科、外科，专家们的意见汇集在一起，制定出对新生儿进行全身换血的方案。

在医护人员的精心照料下，住院不久，一个可爱的男孩诞生了。可是，如同前几次一样，没过三个小时，新生儿的肢体开始发黄，而且弥漫的速度很快，血液化验的结果是：Rh阳性，含有抗体，胆红素很高，生命危急。协和医院的大楼内外不断传出呼救的信号。

按照原有计划，晚上9点45分，开始为新生儿换血，手术由巧稚的学生王文彬承担。

参加换血的专家学者们，都凝神屏息地注视着王文彬大夫的一双手。屋里虽挤满了人，但是却安静极了，只听得见输液管里的滴答声。

王大夫从婴儿的脐静脉里缓慢地抽出血来，一切动作都要准确无误，不差分毫。否则便会带来不可想象的后果。

几分钟后，婴儿突然发生一阵躁动。巧稚赶快拿出听诊器，在手心里焐热了之后，轻轻按在婴儿的胸口上。她这三军统帅，在这千钧一发之际，必须当机立断，做出恰当的应急对策。巧稚冷静果断地按照预先说好的信号，将食指和拇指捏在一起，又慢慢地张开。

王大夫放慢了抽血和输血的速度，慢慢地婴儿又平静下来。

凌晨1点50分，400毫升新鲜血液，全部输入新生儿的体内。孩子安详地入睡了

医生们并没有离开，他们知道，新生儿的体内还残留着原来的血液，病情还会反复。果然，十几个小时后，婴儿身上减退的黄疸又浸润上了肌肤。

于是，医生又给孩子进行了第二次换血。

观察期过去了，婴儿的黄疸症状消失了，首例新生儿溶血病手术成功，患儿获得了新生。

手术成功了。病房里洋溢着欢乐的笑声。孩子的父母拉住林巧稚，不知说什么好。为了表达一家的感激之情，他们决定给孩子起名为"协和"，以纪念这个让他们永远难忘的地方。

从那时起到1982年，在林巧稚的主持下，妇产科曾先后做了62个类似病例，都取得了圆满的结果。林巧稚用自己的胆识与勇气，为我国医学科学填补了一个空白。更多的婴儿经林巧稚的手，来到了这个世上。

农村多么需要我们

　　1965年元旦刚过，根据毛泽东主席的指示精神，中国医学的最高学府——医学科学院决定派出一个权威的医疗队，前往湖南湘阴县湖区巡回医疗。医疗队队长由院长、著名胸外科专家黄家驷教授担任。成员除妇产科主任林巧稚外，还有协和医院内科主任张孝骞教授、外科主任曾宪九教授、儿科主任周华康教授，阜外医院院长、胸外科专家吴英恺教授……当时，林巧稚已是医学科学院的副院长了。专家带头，为响应号召作出了表率。

　　这时的林巧稚已是64岁的老人了。在此之前，她几乎从未有过农村生活的体验。小时候生活在鼓浪屿，成年以后一直生活在协和。通知她参加医疗队，她禁不住有些忐忑。医疗队就属她年纪大，每天人们只看见她步履匆匆地行走在协和，可只有她自己知道，随着年龄的增长，自己的体力、精力明显地下降。做起事情来，总

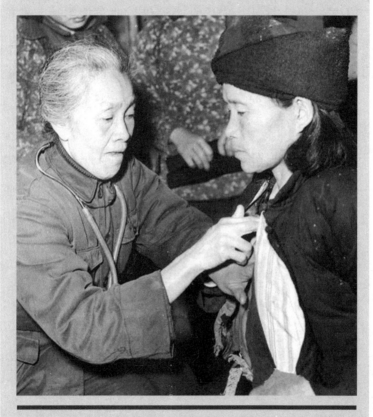

林巧稚在湖南湘阴县关公潭公社王家寨大队给女社员检查身体

感觉力不从心。但是，她不怕生活环境的改变带来的种种不适，她下定决心要尽力做好自己的工作。

接到下乡的通知，林巧稚就像战士接受了一项战斗任务，积极地做起出征前的准备。为了下乡方便，她特意做了一件大棉袄，向侄女心铿借了两条棉毛裤。按规定，到农村去要同贫下中农实行同吃、同住、同劳动，不能有丝毫特殊化。林巧稚仔细地检查自己的行装，把一切能精简的东西，都撂在家里，最后唯有对着一包咖啡发起愁来。

她几十年已经养成了一个习惯，每天早餐一定要喝一杯煮咖啡。她不择食，粗粮细粮，什么都吃，粗茶淡饭，毫不计较。但每天早餐的咖啡，却不能缺少，仿佛她的无限精力都来源于这浓浓的发苦的溶液。

她把咖啡放进包里又取出来，犹豫不定地问心铿："我想带上一斤咖啡、两斤糖，这个要求不知能不能提？"

"总应该是可以的吧！"侄女儿也说不清楚。

"还是问问组织吧！"林巧稚放下东西赶到医院，非常严肃地向办公室的同志提出了自己的想法。

她被准许了，高兴得像孩子获得了节日的礼物。

就这样，她带着简单的衣物，带着医院配给的医疗用品，带着为医疗队统一兑换的全国粮票，他们来到了湖南农村。

　　她是个有心人，出发前特意找人了解湖南的医疗条件，当地的常见病等等。当她得知湘阴一带眼病比较流行，就专门抽出时间，到眼科门诊去学习眼科常见病的治疗方法。

　　"林大夫，您这位妇产科专家还管治眼病呀？"一位年轻医生打趣地问她。

　　"下农村的医疗队嘛，不能只看妇科病，只接生，不能单打一嘛！"林巧稚认真地说。

　　她还跟中医大夫学习针灸，掌握了治疗头痛、关节痛等病的基本方法。

1972年，林巧稚（前左）在美国纽约参观一家医院。

林巧稚一行4月底离京南下，到7月底返回，在湖南整整工作了三个月。这次巡回医疗，给她留下了深刻的印象。关于这段生活，后来她在《人民日报》上专门发表了一篇文章，作了详尽的回顾：

从湖南农村归来，衣衫上仿佛还散发着泥土气息，乡亲们淳朴的微笑仍在眼前晃动……我是多么思念那里的乡亲们啊！

记得我们巡回医疗队离开湘阴关公潭公社那天清晨，在金光灼灼的朝阳里，乡亲们大大小小亲热地牵着我们的手，送了一程又一程。当我们恋恋不舍地上了小船，小船在溪流中缓缓行进，乡亲们流着泪在岸上跑，紧紧地跟在我们后面喊着："毛主席派来的好医生，你们一路顺风哪！"这一切，在我们的心上刻下了深深的记忆。

这几天，北京城又披上了节日的盛装……祖国的第十六个国庆将要降临。这是祖国灿烂辉煌的十六年，这是全国人民欢欣鼓舞的十六年啊！

十六年来，我从一个四十多岁的壮年到六十出外头发斑白的老年，从在协和医院的玻璃窗里淡然地看着人群，到打开协和医院的玻璃窗，走到了农村广阔的天地，为广大农民送医送药，这是一个巨大的变化，是伟大的党和毛主席对我无微不至的关怀和教育的结果，是我们的祖国和人民对我鼓励和鞭策的结果。

北京协和医院20世纪80年代庆祝林巧稚华诞

"毛主席派来的医疗队下乡了!"这个消息很快在洞庭湖滨的四乡八村传开了。到诊疗所来看病的乡亲络绎不绝。他们把我们当作自己的亲人,向我们诉说过去惨痛的遭遇,倾吐着对党和毛主席的无限深情。我们医疗队驻点的地方,是用围堤围起来的湖区。过去,那里的农民岁岁月月受着地主的残酷剥削,加上无情的湖水,几乎年年冲倒围堤,冲毁田园,农民们流着眼泪,驾着小船爬到大树上住宿;有些人家只得外出逃荒讨饭,等水退了才回乡。

而今,湖区人民在共产党的领导下,围堤修整得又高又宽，堤边还建起了电力排灌站。一到春天，油菜花遍地金黄，紫草花交相辉映。农民们住着亮堂、宽敞的房舍，不愁吃不愁穿，黑红的脸上终日泛漾着幸福的光彩。现在党又派医疗队下乡，为他们送医送药。难怪乡亲们一见我们就兴奋地说：

"有了党和毛主席，我们真是福气！"

农村沸腾的生活激荡着我，给我增添了千百倍力量。在那广阔的天地里，我的心胸越来越开阔。我在那里工作得紧张而又愉快。我们4月底下乡，北京天天红日当头，南方却是阴雨绵绵，难得有一个晴天。一到农村，给我第一个印象是：那里的路好难走。我平时走路快，可是在那泥泞的田埂上走，也是一步三滑，一摔一身泥。有时出诊，我就拿根拐杖帮着走，过些日子也就慢慢习

惯了。

在协和医院做手术的时候，要有手术室、手术台、铁床，还有双层玻璃、无影灯……，一进手术室，那里差不多聚有一班人马，有大夫、麻醉师，还有专门拿器械的护士。我们在农村，只有一间简单的房子，我们大家动手糊顶棚、刷墙，用纱布糊纱窗，把房子拾掇得又干净又明亮。我们用蒸笼代消毒器，晚上就在手电筒和煤油灯的灯光下做手术。两只药箱，架一块板，就是妇科检查床，我就在这样的床上，为一千三百多个妇产科病人做了检查，效果一样很好。

我做了几十年的临床工作，从来是等病人上门，只管开处方，病人的家庭情况，我是不大了解的。这次下乡，我亲眼看到农民的一分钱都是用血汗换来的，来之不易啊！我给农民看病时，尽量做到少花钱，治好了一位妇女队长患了十多年的老病。

只要有一颗为农民服务的白求恩式的红心，一切困难都能战胜。4月的一个雨天，夜很深了。一个叫任福芝的女社员被抬到诊疗所。她临产已近三十个小时，情况十分危急，需要马上动手术。我已经七八年没有用过中产钳接生了，旁边又没有助手，我担心手术会失败。可是时间就是生命，我抛开一切杂念，立即投入抢救工作，经过两个多小时的紧张战斗，在凌晨三点多钟，一个女

娃子呱呱坠地了。

有一天，乡亲们抬来一个叫李玉从的贫农社员，她二十岁怀了头胎，得了妊娠中毒，全身水肿，血压增高，病情很重。病人的亲友们都摇头叹息，伤心地说："没救得了，有去无回了！"同志们立即腾出厨房作病房。我和大家一起投入抢救工作，有效地进行产程处理。在深夜三更，胎儿安全降生了。婴儿一度窒息，我们又赶紧进行人工呼吸，终于把孩子从死亡的边缘夺了回来。产妇感激得热泪盈眶，她爱人也高兴地说："真是毛主席派来的好医生啊！"

从农民兄弟的渴望与感激的眼神里，我看出他们是多么迫切地需要我们；而我们从农民兄弟身上也吸取到多少珍贵的东西啊！

医疗队巡回医疗的时间是三个月，三个月的时间是无法改变一个地方的医疗卫生状况的。不约而同地，他们想到了当年协和公共卫生系在定县建立的农村卫生网络。几经商议，他们挑选当地受过中等教育的农村青年，办起了农村卫生员、助产士培训班。这也许是中国最早的一批"赤脚医生"。

最后的时刻

光阴似箭，岁月如梭。转眼，林巧稚已在医学的殿堂里驰骋五十余载。五十多年来，林巧稚不仅以高超的医术，解决广大妇女的病痛，亲手为世界迎来了千千万万个新生命，还以自己的渊博学识，高尚医德，言传身教，培育了一大批杰出的医学人才，开创了现代中国的妇产科事业，她是我国妇产科学界的泰斗、"伯乐"。

1978年11月，中国人民友好代表团出访西欧四国，代表团团长是楚图南，副团长是林巧稚。1978年11月8日，中国代表团乘飞机到达了法国巴黎。林巧稚自觉身体不适，左手连带左胳膊都有些麻木。她想，可能是这些天连续奔波，有些劳累。于是，她没有太在意，也没有告诉同行的人。

11月11日，代表团飞抵英国。就在抵英的第二天，林巧稚的左腿力弱，左手臂失去知觉。在英国的医院，

诊断为缺血性脑血管病。

12月2日，林巧稚回到北京，住到了首都医院（协和）。全面检查后，她被确诊为高血压动脉硬化、脑血栓、心脏病。

1980年12月23日，已经卧病在床的林巧稚在医院里度过了她一生中最快乐最热闹的生日。

这天，护士们给她换上了她最喜欢的那件葡萄紫色的对襟盘扣上衣，一头短发也梳得整整齐齐。她一定要从病床上下来，努力在椅子上坐直了身子。冬日温暖的阳光照在她洁净的白发上，白发熠熠生辉，脸上有了光泽。

按说，这年她七十九周岁，但闽南人习惯于算虚数，因此医院妇产科的同事以及亲朋好友们就依从她家乡的习惯，聚集一堂，为她庆祝八十寿辰。

八根朱红的蜡烛一根接一根地点燃了，吐放着热情欢快的火花，那柔和的光亮，映照着端放在八根蜡烛中间的三层奶油蛋糕。妇产科里的医生护士，男的女的，年长的年轻的，犹如一个几世同堂的大家庭，紧紧围在这位慈祥的老祖母身旁，用他们的崇敬、爱戴、感激和人类心灵中一切圣洁美好的感情，来为这位德高望重的老人祝寿。

"……经您亲手接到人间的孩子又有了孩子，或者

孩子的孩子；经您亲切教导的学生又有了学生，或者学生的学生……"

学生们充满激情地朗诵着，林巧稚的眼中也溢出了幸福的泪水。

在此之前，她接受了《中国青年报》记者的采访。采访中，她平静地说："我是一名医生，经历了太多的生死，并不怕死。我就要走完生命最后的历程，人们了解我，我更了解自己。我没有负疚，没有牵挂，没有悔恨，尽可以瞑目而去。"

老家福建派代表来医院看望林巧稚，她向故乡的来人提出了最后的请求。

她握着来人的手说："我是鼓浪屿的女儿，我常常在梦中回到故乡的海边，那海面真辽阔，那海水真蓝，真美……我死后想回到那里去。"

学生们为她捧来了《妇科肿瘤学》的书稿，全书51万字，沉甸甸的，是最有分量的生日礼物。这部著作，总结了协和妇产科三十多年的病历资料，分析了妇科肿瘤病历三千九百余个，参阅了相关文献九百多部，制图二百余幅，是对妇科肿瘤规律认识的一次全面总结，她亲自撰写了前言。

躺在病床上，她一直操心着这部著作的进展。在她精神尚可时，她在床上搭了一个可以放置书稿的架子，

一页页地批阅。

这部浸透她心血的著作，林巧稚却没有来得及看到它的出版。

一支蜡烛是可以燃尽的，但它所放出的光芒却深深射进人们的心底，林巧稚就像一支蜡烛，她燃烧着自己，却点燃了妇产科学界的"火把"，她执着火把，照亮了中国医学通往光明的前进道路。

1983年春天，林巧稚病情突然恶化。高血压、心脏病、脑血栓同时并发。协和医院和中国医学科学院多次组织专家会诊，运用各种技术挽救她的生命。

但林巧稚一次比一次长时间处于昏迷中。当她清醒过来时，不止一次地要求停止为她用药，她说："不要再抢救了，那些药，留给别的病人用吧……"

这天，邓颖超派秘书赵炜来看望她的时候，林巧稚刚从昏迷中清醒过来。

认清来人后，她想起了一件心事。她断断续续地说："……我从不愿意走后门。但有些事想走邓大姐的……后门，请她关心一下建立……妇产科研究中心……的事情。"

说这些话时，她集中了已经不听指挥的思维神经、语言表达神经。她累得有些透不过气来。

赵炜一阵辛酸，她贴近林巧稚，捧着她的一只手说：

"林大夫，这不是'后门'，这是正门。您放心，我一定代您转达……"

一天深夜，五号楼二层的特护病房里响起急促的呼喊声："快！快！拿产钳来！产钳……"

值班护士跑到林巧稚病床前，看了看心脏检测仪，轻声叫着："林主任！您醒醒！……"

连续好几个夜晚，护士们已习惯了林巧稚这样的叫声。

刚开始，她们很紧张，为了让她安静下来，她们会去安抚她，把她叫醒。后来，她们有了经验，当林巧稚再喊着要产钳时，她们会拿起身边的一件东西递到她的手里，她抓得很紧……

1983年4月22日，北京的正午时分。

林巧稚在一阵悸动后，血压骤然下降，呼吸停止，心律不再搏动。

林巧稚留下的遗嘱：

平生积蓄三万元捐献给首都医院幼儿园、托儿所。

遗体捐献给医院作医学研究用。

骨灰撒在故乡——鼓浪屿周围的海面上。

追悼会遗像两旁垂下4.5米高的幛联，上面写着：

创妇产事业，拓道、奠基、宏图、奋斗、奉献九窍丹心，春蚕丝吐尽，静悄悄长眠去；

谋母儿健康，救死、扶伤、党业、民生，笑染千万白发，蜡炬泪成灰，光熠熠照人间。60个字反映了她60余年的工作和她的业绩，还有后人对她的敬仰之情。

她是鼓浪屿的女儿，她是故乡的骄傲，故乡的山、

毓 园

故乡的海、无时无刻地萦绕在她的心头。"回家去看看"
是她生前最大的愿望，无奈那宝贵的时间，她全部奉献
给了千千万万个母亲和孩子。为了纪念林巧稚，厦门市
人民政府和鼓浪屿区政府于1984年在鼓浪屿黄金地段建
造了取名"毓园"的林巧稚纪念馆。1988年的清明节，
家乡的父老乡亲终于将劳累了一生的林巧稚接回了她梦
寐以求的故乡——鼓浪屿。林巧稚的灵魂已经和鼓浪屿
的海水融为一体，她的精神影响着一代又一代的鼓浪屿
人。

她的老朋友钟惠澜写的一首诗概括了材巧稚伟大的
一生：

品如碧玉质无瑕，德高望重医德佳。
博爱胸怀黎庶赞，巾帼英雄誉天涯。

卓越的人民医学家林巧稚，如那吐不尽丝的春蚕，
全心全意为人民服务，将自己的一生无私地奉献给了祖
国的医学事业。她那强烈的爱国主义精神和民族自尊心，
勤奋刻苦，勇攀科学高峰的治学精神以及一丝不苟、兢
兢业业的敬业精神，都值得我们学习。

林巧稚大夫
1901—1983